Peter Bierl

Einmaleins der Kapitalismuskritik

unrast transparent
soziale krise

Peter Bierl
Einmaleins der Kapitalismuskritik

unrast transparent
soziale krise
Band 6

2. erweiterte Auflage, März 2025
ISBN 978-3-89771-144-0

Fuggerstr. 13 a, D-48165 Münster
kontakt@unrast-verlag.de – www.unrast-verlag.de
Mitglied in der assoziation Linker Verlage (aLiVe)

Umschlag: Unrast Verlag, Münster
Satz: Unrast Verlag, Münster
Druck: Multiprint, Kostinbrod

Inhalt

1. Einleitung

Ein Zeitalter des Wohlstands und Friedens prophezeite der Politikwissenschaftler Francis Fukuyama (1992), nachdem der Kapitalismus im Kalten Krieg gesiegt hatte. Er prägte dafür das Schlagwort vom »Ende der Geschichte«. Demokratie und Marktwirtschaft würden sich nach dem Zusammenbruch des real existierenden Sozialismus überall und endgültig durchsetzen. Wenig später versackte die japanische Ökonomie in der Stagnation. Die Asienkrise 1997/98 traf sogenannte Tigerstaaten wie Südkorea und Thailand, es folgten der Einbruch der hochgelobten New Economy 2000, die Schuldenkrise in Lateinamerika und die Weltwirtschaftskrise von 2007. Keine dieser Pleiten hatten Politiker*innen, Wirtschaftswissenschaf tler*innen und Journalist*innen vorhergesehen, die den Kapitalismus für die beste aller Welten halten. Dabei sind solche Krisen ein schlechter Maßstab. Denn auch wenn das Geschäft brummt, ist das Leben vieler Menschen voller Elend und Not, Demütigung und Unsicherheit.

Nach Angaben der Welthungerhilfe (Oktober 2024) leiden mehr als 730 Millionen Menschen an Hunger, inmitten eines Überflusses, wie es ihn nie zuvor in der Geschichte gegeben hat. In Afrika, Asien und Lateinamerika findet Industrialisierung zu frühkapitalistischen Bedingungen statt, in Nordamerika, West- und Osteuropa wurden ganze Regionen deindustrialisiert. Die Arbeiter*innenklassen und Mittelschichten in Nordamerika und Westeuropa, deren Lebensstandard nach dem Zweiten Weltkrieg deutlich gestiegen war, verloren an realen Einkommen. Prekäre Jobs, niedrige Löhne, Erwerbslosigkeit und Armut breiten sich aus, der Sozialstaat wird demontiert, während die mikroelektronische Revolution die Rationalisierung und Intensivierung der Arbeit weiter vorantreibt. Dabei bedeutet Wirtschaftswachstum, dass immer mehr Energie, Rohstoffe und Land verbraucht werden, mehr Abfallprodukte und Gifte zurückbleiben. Phasen des Booms treiben eine ökologische Zerstörung voran, die Teile des Planeten unbewohnbar machen wird.

Die Prognose vom Ende der Geschichte war schnell widerlegt, weil die Widersprüche des Kapitalismus keineswegs überwunden waren, sondern sich verschärften. Vor dem Hintergrund von Klimawandel und Pandemie, Kriegen, Inflation und wachsender sozialer Ungleichheit prägte der britische Wirtschaftshistoriker Adam Tooze 2022 stattdessen den Begriff Polykrise.

Die von Fukuyama ausgerufene Epoche der Glückseligkeit endete schon nach zwei Jahren, als die Zapatistas im Süden Mexikos rebellierten. Sie kündigten neue Formen sozialrevolutionärer Politik an, wollen alte autoritäre, staatsfixierte und gescheiterte Muster der Linken überwinden. »Fragend schreiten wir voran«, lautet einer ihrer Slogans. Die Zapatistas wollen weder als Guerillaarmee die Macht im Staat erobern, noch sich an Wahlen oder gar Regierungen beteiligen. Sie setzen auf Selbstorganisation. Denn grundstürzende Veränderungen wird es nur geben, wenn viele Menschen diese wollen und selbst durchsetzen.

In Südkorea und Frankreich folgten Massenstreiks von Lohnabhängigen, die sich gegen Sozialabbau richteten. In Indien und Brasilien erstarkten Bewegungen von Bauern, Bäuerinnen und Landarbeiter*innen gegen Großgrundbesitzer. Weltweit entstand die sogenannte globalisierungskritische Bewegung und erreichte ihre Höhepunkte in den Kämpfen in Seattle (1999) und Genua (2001). In Argentinien, später in Spanien und Griechenland formierte sich massenhafter Protest gegen die Folgen kapitalistischer Krisen. 2011 folgten die kurzlebigen Occupy-Proteste und der arabische Frühling, zwei Jahre später Auseinandersetzungen in Brasilien und um den Gezi-Park in der Türkei. Bloß in Deutschland entwickelte sich kaum Protest, nicht einmal als die rot-grüne Bundesregierung mit der Agenda 2010 und den Hartz-Reformen den größten sozialen Kahlschlag in der Geschichte des Landes vollzog und den Niedriglohnsektor ausweitete. Anscheinend konnte die Masse der Lohnabhängigen immer noch ein Einkommen erzielen, das ausreichte, um die Menschen materiell einzubinden. Weitgehend unbeachtet ist, dass die meisten und größten Streiks sowie lokale Aufstände in China stattfinden. In dieser Entwicklungsdiktatur herrscht eine Partei, die sich kommunistisch nennt und das Land zur Werkbank des Kapitals gemacht hat, unter elenden Arbeits- und Lebensbedingungen.

Eine Gemeinsamkeit vieler dieser neuen Bewegungen war und ist ihre begrenzte Perspektive. Das nicht abwertend gemeint, sondern eine Feststellung. Sie kämpfen nicht für Sozialismus, Kommunismus oder Anarchismus (was immer das nach dem historischen Scheitern solcher Ansätze sein könnte). Protest und Widerstand richten sich gegen schlechtere Arbeits- und Lebensverhältnisse, eine verschärfte Ausbeutung und Verarmung, gegen sexistische und patriarchale Strukturen, gegen ökologische Zerstörungen und deren Folgen, gegen diktatorische Regime und autoritäre Tendenzen. Sie fordern mehr Mitsprache, soziale Absicherung, ein besseres Leben, oft kämpfen die Menschen schlicht um ihre Existenz. Diese Bewegungen und daraus entstehende Parteien füllten eine Lücke, die die traditionellen sozialdemokratischen Parteien hinterließen, als sie einen neoliberalen Kurs einschlugen. Dazu gehören der Abbau sozialer Leistungen und die Privatisierung öffentlicher Einrichtungen wie Krankenhäuser, Pflegeheime, Bahn, Kommunikation, Energie- und Wasserversorgung. In der Folge verlor die Sozialdemokratie an Einfluss oder wurde bedeutungslos wie in Italien und Frankreich. Anstelle der sozialdemokratischen, sozialistischen oder kommunistischen Parteien entwickelte sich in der Linken die sogenannte Globalisierungskritik mit Forderungen, die im Kern neo-sozialdemokratisch sind: höhere Steuern für die Reichen, stärkere staatliche Einflussnahme auf Banken und Konzerne sowie die Einhaltung gewisser Sozial- und Umweltstandards. Dagegen ist nichts einzuwenden, bloß ist der Spielraum für solche Reformen äußerst eng, wie das Scheitern des ›Sozialismus des 21. Jahrhunderts‹ in Lateinamerika zeigte, der von der globalisierungskritischen Bewegung abgefeiert wurde. Die Präsidenten Lula und Hugo Chavez waren Superstars auf den Weltsozialforen. Dabei setzte die Regierung der Arbeiterpartei in Brasilien auf eine kapitalistische Modernisierung, von der für alle etwas abfallen sollte, die Chavistas in Venezuela zweigten einen Teil der Ölrente für soziale Vorhaben ab, was für die Betroffenen sicher gut war, aber nichts an gesellschaftlichen Strukturen änderte. Ökologisch ist dieser fossilistische Extraktivismus katastrophal. Das Sinken des Weltmarktpreises für Erdöl beendete das Projekt in Venezuela, die Masse der Bevölkerung versinkt wieder in der Armut. In Griechenland knüppelte die vermeintlich linksradikale Syriza die EU-Sparprogramme durch und schränkte sogar das Streikrecht ein. Die Chavistas und Syriza haben ähnlich wie Podemos, eine Partei, die in Spanien aus der Occupy-Bewegung entstand und nichts Besseres anzufangen wusste, als eine Koalition mit der Sozialdemokratie einzugehen, die Linke weiter diskreditiert. Zuvor hatten Staatssozialismus, Marxismus-Leninismus und Sozialdemokratie bereits Scherbenhaufen hinterlassen. Ihr politisches, moralisches und intellektuelles Scheitern lasten wie ein Alptraum selbst auf jenen linken Strömungen, die diese Richtungen stets kritisiert und abgelehnt hatten oder dafür gar ausgegrenzt und verfolgt bzw. deren Anhänger*innen eingekerkert und ermordet wurden. Die Linke braucht darum einen kompletten Neustart, wobei sie mit früheren Illusionen, Fehlern und Verbrechen schonungslos abrechnen muss.

Derzeit sind weltweit autoritäre, regressive bis offen faschistische Bewegungen auf dem Vormarsch, wie die Erfolge der extremen Rechten in Deutschland und Europa, von Donald Trump in den USA, Javier Milei in Argentinien, Jair Bolsonaro in Brasilien, dem Hindunationalismus oder Islamismus zeigen. Sie werden von einem Teil der Lohnabhängigen, von Arbeiter*innen und kleinen Bäuer*innen unterstützt. Etliche Schlagworte der Globalisierungskritik hat die extreme Rechte übernommen und keineswegs verfremdet, sondern deren nationalistischen Gehalt auf den Punkt gebracht. Dabei haben rechte Regierungen in Polen und Ungarn anfangs durchaus soziale Kürzungen liberaler Vorgänger zurückgenommen. Insgesamt zielt die Rechte jedoch darauf, soziale Leistungen und demokratischen Rechte abzubauen.

Der wichtigste Treiber der weltweiten Faschisierung ist die Umweltzerstörung. Inzwischen sind sechs von neun planetaren

Grenzen überschritten, beim Klimawandel, dem Artensterben, der Belastung mit neuartigen Substanzen wie Mikroplastik, Farbstoffen und Pestiziden sowie Stickstoff und Phosphor, der Verfügbarkeit von Süßwasser und der Landnutzung. Abrupte Brüche stehen bevor. Die Folgen treffen die arbeitenden Klassen mit voller Wucht, vor allem jene im sogenannten globalen Süden. Die ärmsten Teile der Weltbevölkerung drohen ausgelöscht zu werden. Ganze Landstriche werden unbewohnbar, die landwirtschaftlich nutzbaren Flächen schrumpfen, wegen Hitze, Trockenheit, Überflutungen oder steigendem Meeresspiegel. Notwendig wäre ein internationales Umsiedlungsprogramm für einige Hundert Millionen Menschen. Was stattfindet, ist die Abschottung von Wohlstandsoasen in einem Meer des Elends und Sterbens. Diese Lösung gestalten bürgerlich-demokratische Parteien mit und setzen damit den wesentlichen Punkt aktueller faschistischer Programme um, gestützt auf eine Mehrheit, die keine Veränderung will, die den Abschied vom herrschenden Konsummodell beinhaltet.

So notwendig Antifaschismus ist, bleibt er seinem Wesen nach defensiv, notwendig ist eine gesellschaftliche Perspektive, die den sozialen und ökologischen Problemen gerecht würde und Mehrheiten gewinnen könnte. Zwar wäre es illusionär zu glauben, damit ließen sich antisemitische, rassistische oder frauenfeindliche Überzeugungstäter*innen gewinnen, oder all jene, die dem Wahn und Verschwörungsglauben verfallen sind. Aber alle anderen, deren Wut berechtigt, deren Ohnmacht real und deren Resignation unübersehbar ist, müssen ansprechbar sein, wenn sich etwas verändern soll.

Realistisch betrachtet muss eine emanzipatorische Linke davon ausgehen, dass sie auf absehbare Zeit randständig ist, ihre Aufgabe ist der Neuanfang, die Reflexion, die Kritik.

Wenn es nennenswerte Reformen im Sinn einer Verbesserung der Lebensverhältnisse der Lohnabhängigen geben soll, müssten Basisbewegungen erst einmal eine Drohkulisse aufbauen. Denn Zugeständnisse müssen aus Sicht der herrschenden Klasse das geringere Übel darstellen. Ob solche Basisbewegungen in der Lage wären, die Gesellschaft grundlegend zu verändern, muss ebenso offen bleiben wie die Frage, wie eine solche vor dem Hintergrund der historischen Erfahrungen aussehen könnte.

In jedem Fall ist eine zutreffende Analyse und Kritik der herrschenden Verhältnisse notwendig. Aus theoretischen Erkenntnissen kann effektive Praxis entstehen. Ein wichtiger Aspekt ist dabei die Wahrnehmung und Interpretation der ökonomischen und sozialen Verhältnisse.

In Teilen der Bevölkerung ist der Kapitalismus wieder diskreditiert, allerdings ist den meisten keineswegs klar, was dieses System überhaupt ausmacht. Die Globalisierungskritik hat Zerrbilder befördert, die Kapitalismus als Wirken finsterer Mächte vorzugsweise aus der Finanzsphäre und dem Ausland missverstehen. Solche Kurzschlüsse sind nahe dran am Alltagsbewusstsein, an völkischen, antisemitischen und verschwörungsideologischen Vorstellungen. Damit sind wir beim Thema dieses Buches: der Darstellung des Kapitalismus als einem Betriebssystem, einer umfassenden Struktur, die auf dem Markt als Vermittlungsinstanz, dem privaten Eigentum an Produktionsmitteln, auf Konkurrenz, Lohnarbeit, der Ausbeutung von Menschen und der Zerstörung von Natur basiert.

Dabei ist Kapitalismuskritik fast so alt wie der Kapitalismus selbst. Konservative haderten seit dem frühen 19. Jahrhundert mit der neuen Wirtschaftsweise, die überkommene ständische Privilegien unterminierte. In Deutschland grenzte sich die sogenannte Historische Schule von der politischen Ökonomie des Manchesterkapitalismus ab. Die Rede vom angelsächsischen Raubtierkapitalismus ist bis heute ein Vehikel nationalistischer Propaganda. Die Kathedersozialisten, eine Gruppe von Professoren, plädierten für staatliche Eingriffe und soziale Reformen, weil sie um den Fortbestand der Klassengesellschaft bangten. Völkische Agitatoren nahmen Bank und Börse, das Kaufhaus und den Zins als jüdisches Machwerk ins Visier. Eine »goldene Internationale« würde ehrliche Unternehmer, brave Handwerker und fleißige Arbeiter aussaugen. Die Propaganda eines »deutschen Sozialismus« sollte der marxistischen Linken das

Wasser abgraben. Gehaltvolle Beiträge zur Kritik des Kapitalismus gibt es aus der Rechten bis heute nicht, sie schwankt zwischen antisemitischen Verschwörungsideologien, nationalsozialem Pathos, leeren Versprechungen und neoliberalem Sozialdarwinismus.

In der Linken entwickelte sich Kapitalismuskritik von den ersten amerikanischen, englischen und französischen Anarchist*innen und Sozialist*innen über die Kritik der politischen Ökonomie von Karl Marx und Friedrich Engels hin zu den Zusammenbruchs-, Monopol- und Imperialismustheorien der sozialistischen Zweiten Internationale und der kommunistischen Dritten Internationale. Hatte Marx unter Kapitalismus eine gesellschaftliche Totalität verstanden und Ausbeutung als strukturellen ökonomischen Mechanismus analysiert, behauptete Lenin, die Herrschaft des Finanzkapitals habe die Ausbeutung des Proletariats zur Nebensache degradiert, der Kapitalismus basiere auf Wucher und Erpressung durch Finanzmagnaten und Monopolisten. Die Lehre vom Monopol- oder Staatsmonopolkapitalismus dominierte fortan die Linke, selbst dissidente Strömungen wie den Rätekommunismus oder die kritische Theorie sowie Debatten unter linken Sozialdemokraten. Die aktuelle Globalisierungskritik klingt wie eine oberflächliche Variation.

Der Anarchismus brachte mit Pierre Joseph Proudhon (1809-1865) nur einen ökonomischen Theoretiker hervor. Er beschränkte sich auf die Kritik von Geld und Zinsen und wollte eine zinsfreie Marktwirtschaft von Kleinproduzenten. Während einige zweifeln, ob Proudhon überhaupt als Anarchist gelten kann (Van der Walt/Schmidt 2013), knüpfte David Graeber (1961-2020), der als Mastermind von Occupy galt, mit seinen Überlegungen zu Geld, Zins und Kredit an Proudhon an. Der Individualanarchismus wiederum predigt seit jeher das hohe Lied des freien Unternehmertums und mündet in rechtslibertären Ideen der Gegenwart, ansonsten finden sich kaum originäre Beiträge des Anarchismus zur Ökonomie. Michail Bakunin empfahl die Lektüre von Marx.

Links wie rechts findet sich die Idee eines sogenannten Dritten Weges zwischen Kapitalismus und Kommunismus. Sie ist mit der Vorstellung verbunden, Kapitalismus und Marktwirtschaft seien verschiedene Wirtschaftsformen. Dabei wird Kapitalismus mit der Finanzsphäre und mit Monopolen identifiziert und Marktwirtschaft als mittelständische oder agrarisch-handwerklich dominierte Ökonomie idealisiert. Die grundlegenden Charakteristika wie privates Eigentum an den Produktionsmitteln, Konkurrenz, Lohnarbeit, Produktion von Gütern und Dienstleistungen nicht für den direkten Gebrauch, sondern zum Verkauf auf Märkten, sind jedoch gleich. Kapitalismus ist die moderne Form der Marktwirtschaft.

Falsche Vorstellungen sind dennoch populär, weil sie ein verbreitetes Unbehagen aufgreifen. Die wenigsten Leute beschäftigen sich mit Theorien, zumal dafür oft eine privilegierte Position, Zeit und Bildung notwendig ist. Seit jeher ist Antikapitalismus selbst bei Leuten, die sich als links definieren, stark moralisch und persönlich gefärbt, was nicht verkehrt ist. Allerdings finden sich oft wilden Mischungen, Sedimente unterschiedlicher, sich zum Teil ausschließender Ansätze. Fragmente aus Monopol- und Machttheorien sowie Zins- und Geldkritik werden zusammengewürfelt.

Das Aufkommen neuer linker Protest- und Widerstandsbewegungen nach der Epochenwende von 1989/1991 war mit einem analytischen Rückschritt verbunden. Im Gefolge der zapatistischen Erhebung erfuhren die Begriffe Neoliberalismus und Globalisierung weite Verbreitung. Dabei ist Neoliberalismus keine neue Wirtschaftsform, sondern eine Ideologie und Strategie mit mehr oder weniger starkem Einfluss. Die Anfänge liegen in der Zwischenkriegszeit. Neoliberale unterstützen sehr wohl staatliche Eingriffe, die gezielte Regulierung der Geldmenge oder die Auflösung von Monopolen und Kartellen. Über das Ausmaß staatlichen Eingreifens stritten Neoliberale von Anfang an. Die Dekartellierung der Wirtschaft scheiterte komplett. Mit Demokratie hatten Neoliberale so wenig am Hut wie Altliberale: Amerikanische Monetaristen unterstützten das Pinochet-Regime, deutsche Ordoliberale plädierten für einen starken Staat. Hierzulande sind diese Ordoliberalen als Vordenker der sozialen Marktwirtschaft bekannt und es zeugt von Ahnungslosigkeit oder Geschichtsklitterung, wenn Sahra Wagenknecht diese Ökonomen und Politiker, darunter Ludwig Erhard (1897-1977), den CDU-Wirtschaftsminister der Adenauerära, als Vorbild preist und gegen den Neoliberalismus in Stellung bringt.

Globalisierung ist nichts prinzipiell Neues, bloß vertieft sich die internationale Arbeitsteilung dank moderner Kommunikations- und Transportsysteme immer weiter. Im Sinne von Arbeitsteilung und Austausch ist Globalisierung im Prinzip positiv, fände sie im Rahmen einer internationalen sozialistischen Föderation und Wirtschaftsplanung und unter Beachtung ökologischer Kriterien statt. Die Alternativen sind reaktionär, sie zielen auf Abschottung, den Rückzug auf Nation, Region und Heimat. Schlagworte wie Turbo- und Raubtierkapitalismus, Karawanenkapitalismus, Globalisierung und Neoliberalismus behindern das Verständnis der Welt, in der wir leben. Teilaspekte werden aus dem Kontext gerissen, überbetont und verabsolutiert. Die Ersatzbegriffe suggerieren, es handele sich um Auswüchse und Übersteigerungen, die man bloß zurechtstutzen müsste.

Solche verkürzten Ansätze haben Schnittmengen nach rechts, insbesondere zum Antisemitismus. Der Fokus liegt auf Geld, Börse, Bank, Zins oder Konzernen, die als multinational gekennzeichnet werden, oder auf Ethik und Moral. Kritische Analyse kommt ohne Moralisieren aus, denn ausschlaggebend ist das Wirtschaftssystem als Ganzes, nicht die Gier, Unersättlichkeit oder Skrupellosigkeit einzelner. Wenn Güter und Dienstleistungen als Waren hergestellt werden, die auf Märkten verkauft werden müssen, stehen alle in einem Konkurrenzverhältnis zueinander.

Man könnte die populären Vorstellungen über Kapitalismus als populistisch bezeichnen, wäre die Verwendung dieses Begriffs nicht so inflationär, oberflächlich, beliebig und falsch. Der Begriff des Populismus geht auf eine Bewegung von Bauern, Bäuerinnen, Handwerker*innen und Händler*innen in den USA

Ende des 19. Jahrhunderts zurück. Ihre Anhänger*innen verteidigten ihre prekäre Existenz als kleine Unternehmer*innen und Selbstständige gegen das große Kapital.

Der aktuelle vermeintliche Rechtspopulismus ist in ökonomischen Fragen gespalten. Zu finden sind sowohl rechtslibertäre und neoliberale Strömungen als auch national-sozial argumentierende Fraktionen. Letztere können auf Vordenker zurückgreifen, die eine rassisch homogene Leistungsgemeinschaft und einen starken Staat propagierten, welcher für Gerechtigkeit und Ausgleich zu sorgen und die nationale Ökonomie vor ausländischem Kapital abzuschirmen hätte. Einig waren und sind sich alle Rechten in ihrem Hass auf Gewerkschaften als Selbstorganisation der Lohnabhängigen, seien diese noch so zahm und angepasst.

Dieses Buch ist als kurze, leicht verständliche Einführung in die Kritik des Kapitalismus gedacht, nicht als vertiefende Auseinandersetzung oder mit dem Anspruch, sämtlichen Variationen und Verästelungen gerecht zu werden. Einige gängige linke und rechte Varianten von Kapitalismuskritik sowie Mischformen sollen in ihrem Kontext knapp präsentiert werden.

Mein Bezugspunkt ist die Marx'sche Kapitalanalyse. Marx hat kein Handbuch verfasst, sondern aus empirischem Material ein Modell zu entwickeln versucht. Demnach ist Kapitalismus eine Totalität, ein System, das enorm flexibel ist und eine gewaltige Dynamik ausgelöst hat. Kapitalismus ist einerseits eine Struktur, die von Menschen gemacht wird, der andererseits aber alle unterworfen sind. Als Kapitalist*innen wie als Lohnabhängige müssen alle bei Strafe ihres Untergangs funktionieren. Selbst Aussteiger*innen leben in den Nischen dieses Systems. Das ist der stumme Zwang der ökonomischen Verhältnisse, der unser Leben, unser Denken, Fühlen und Handeln prägt, dem alle unterliegen, aber nicht gleichermaßen: Der Unternehmer muss maximalen Profit erzielen, um in der Konkurrenz zu bestehen. Für Lohnabhängige geht es um mehr, um die schiere Existenz. Sie müssen Unternehmer*innen finden, die ihre Arbeitskraft ausbeuten wollen, um ein Auskommen zu haben. Unter der Oberfläche von Freiheit und Gleichheit verbergen sich damit fundamentale soziale Ungleichheit und Abhängigkeit, eine sachlich begründete Herrschaft sowie eine strukturell verankerte Ausbeutung, der Lohnabhängige unterliegen. Die unaufhörliche Akkumulation von Kapital ist der Selbstzweck, der die Welt in den vergangenen zwei Jahrhunderten komplett verändert hat. Das historische Verdienst des Kapitals besteht darin, eine enorme Produktivität entfaltet zu haben, die es jedem Menschen erlauben würde, ein materiell gesichertes Leben bei minimalem Aufwand zu führen und nicht mehr, wie in vorindustriellen Zeiten, unter Mangel zu leiden, bei schlechten Ernten zu hungern und an verschmutztem Wasser oder einer Blinddarmentzündung zu sterben. Die Opfer dieser Produktivitätsentwicklung waren allerdings zu hoch, denn das Kapital watete von Beginn an in einem Meer von Blut. Die Enteignung und Vertreibung von Bauern und Bäuerinnen in Europa, der Genozid auf dem amerikanischen Kontinent und die Versklavung von Millionen von Afrikaner*innen lieferten das Startkapital in Form von Arbeitskräften, Land, Edelmetallen und Rohstoffen. Dieser gewalttätige Prozess findet bis heute im globalen Süden statt, in Brasilien, Indonesien oder dem Kongo.

Wenn heute Milliarden von Menschen in Armut leben, erweist sich Marktwirtschaft als Verbrechen gegen die Menschheit. Die Kapitalakkumulation ist längst eine Destruktivkraft, die die ökologischen Grundlagen unserer Existenz bedroht.

Ein Wort zur Schreibweise: Wir begreifen die Welt durch Sprache, darum habe ich versucht, diesen Text zu gendern. Dabei halte ich es für wichtig, nicht den Eindruck einer Gleichheit zu erwecken, wo eine solche nicht gegeben ist. Es gab zwar Anarchist*innen und Kommunist*innen, aber vor Rosa Luxemburg (1871-1919) keine Frau in der Linken, die eine ökonomische Theorie entwickelt hat. Es existierten auch keine Kathedersozialistinnen oder völkische Ideologinnen, die sich damals hervorgetan hätten. Darin drücken sich patriarchale Verhältnisse aus, etwa der Zugang zu höherer Bildung oder die Möglichkeit zu publizieren, die Frauen bis ins 20. Jahrhundert verwehrt wurde. Deshalb habe ich versucht, jeweils die Schreibweise zu verwenden, die der Zusammensetzung einer Gruppe entspricht.

In allen Fällen, in denen eine Gruppe nur oder fast ausschließlich Männer umfasst, findet sich daher die männliche Schreibweise, und umgekehrt nur die weibliche, wenn eine Gruppe ganz oder weit überwiegend aus Frauen besteht. Außerdem habe ich bei Zitaten sowie der Umschreibung oder indirekten Wiedergabe von Originalquellen die Schreibweise nicht verändert.

2. Begriffe, Definitionen und Differenzen

Links und rechts

Die Begriffe ›links‹ und ›rechts‹ werden in diesem Buch als relative politische Positionsbestimmung verwendet. Links und rechts sind demnach alle Gruppen und Personen, die sich selbst als solche verstehen, wobei sich Inhalte, Fremd- und Selbstwahrnehmung wandeln können. Bei aller Unschärfe bleibt das Links-Rechts-Schema als analytisches Instrument nützlich, um politische Kräfte in einer in Klassen gespaltenen Gesellschaft zu unterscheiden.

Das Links-Rechts-Schema entstand im Gefolge der französischen Revolution und bezog sich auf die Sitzordnung im Parlament. Faschisten wie Benito Mussolini erklärten diese Zuordnung bereits zwischen den Weltkriegen für überholt. Alain de Benoist (2017), der Vordenker des Neofaschismus der sogenannten Neuen Rechten, unterscheidet stattdessen zwischen einer Elite von liberalen Globalisten und einem als Einheit gedachtem Volk. Ähnlich argumentiert Sahra Wagenknecht (2021). Damit wird der Gegensatz zwischen Kapital und Lohnarbeit als zentraler Widerspruch dieser Gesellschaft, der sich politisch in linken und rechten Formationen ausdrückt, geleugnet. Die Links-Rechts-Spaltung widerspricht der Idee einer Volksgemeinschaft, die es vor dem Parteienhader zu retten gelte. Insofern steckt hinter der Ablehnung des Links-Rechts-Schemas eine autoritäre Haltung, die auf das Führerprinzip zuläuft.

Was ist Kapitalismus?

Es gibt viele Definitionen von Kapitalismus. Auf der Homepage der Bundeszentrale für politische Bildung finden sich die drei Begriffe Kapitalismus, Marktwirtschaft und soziale Marktwirtschaft. Die Definitionen stammen aus einem Politik-Lexikon, das in mehreren Auflagen veröffentlicht wurde, also eine gewisse Verbreitung haben dürfte.[1]

Unter Kapitalismus verstehen die Autor*innen eine Wirtschafts- und Gesellschaftsordnung, »in der der Faktor Kapital (Maschinen, Anlagen, Fabriken, Geld) im Vergleich zu anderen Wirtschaftsfaktoren (Arbeit, Grund und Boden) überproportionale Bedeutung hat«. Als Grundlagen des Kapitalismus bezeichnen die Autoren »eine Eigentumsordnung, die die freie Verfügung über das Privateigentum (z.B. an den Produktionsmitteln) schützt, ferner ein durch staatliche Ordnung gesichertes, gleichwohl von staatlichen Eingriffen weitgehend freies Wirtschaftssystem auf der Basis des Marktmechanismus und der Selbststeuerung durch Angebot und Nachfrage«. Diese Rahmenbedingungen sowie eine »weitgehend ungeregelte Ausbeutung der anderen beiden Produktionsfaktoren erlaubten eine enorme Kapitalanhäufung«, hätten aber Gegenbewegungen hervorgerufen.

Als Marktwirtschaft bezeichnen die Autor*innen einen Verteilungsmechanismus, der angeblich optimal funktioniert. Der Begriff bezeichne »eine Wirtschaftsordnung, in der Produktion und Verteilung aller Güter und Dienstleistungen über Angebot und Nachfrage, d. h. über Marktprozesse frei gehandelt und getauscht werden.« Der frei zustande gekommene Kaufpreis der Waren erfüllt eine Allokationsfunktion: »Über die Höhe des Preises wird angezeigt, wie knapp ein bestimmtes Gut ist und damit auch, wo es sich lohnt, zu produzieren bzw. in die Produktion zu investieren.« Als Voraussetzung wird angeführt, was schon unter dem Stichwort Kapitalismus zu lesen war: Private Verfügungsgewalt über Produkte und Produktionsmittel sowie ein freier Markt ohne Verzerrungen und Verfälschungen, etwa durch Staatseingriffe.

Als soziale Marktwirtschaft wird schließlich eine Ökonomie vorgestellt, in der der Staat »sozialpolitische Korrekturen« vornimmt und auf »sozialen Ausgleich« hinwirkt. Dieses Modell

1 Klaus Schubert/Martina Klein: Das Politiklexikon. 6. aktualisierte und erweiterte Auflage, Bonn 2016

sei nach dem Zweiten Weltkrieg von den Ökonomen Ludwig Erhard und Alfred Müller-Armack (1901-1978) entwickelt worden und gelte als Grundlage der deutschen Wirtschafts- und Sozialordnung. Der Aufbau eines Sozialstaates sei notwendig geworden, »weil die sozialen Verwerfungen des ungehemmten Kapitalismus wesentlich mit zu den politischen Erschütterungen und den beiden Weltkriegen in der ersten Hälfte des 20. Jahrhunderts beitrugen«.

Nach diesen Definitionen könnte man meinen, Kapitalismus bezeichne eine längst vergangene Epoche, in der »ungeregelte Ausbeutung« für Ärger sorgte, aber am Ende durch eine Marktwirtschaft überwunden wurde, in der alle Güter durch freie Verträge verteilt werden und der Sozialstaat Ungerechtigkeiten ausgleicht.

Marx hatte eine völlig andere Vorstellung, wobei er kaum von Kapitalismus sprach. In seinen Schriften ist stets von Kapital die Rede. Wer viel Geld besitzt, ist reich, aber nicht unbedingt Kapitalist. Geld wird erst Kapital, wenn es jemand mit dem Ziel benutzt, auf eine bestimmte Art mehr Geld zu verdienen. Der Geldbesitzer muss dazu Maschinen, Rohstoffe und Arbeitskräfte kaufen, Güter oder auch Dienstleistungen herstellen lassen und diese verkaufen. Eine bequemere Variante besteht darin, sein Geld anzulegen, etwa in Aktien, oder es einem Unternehmen zu leihen. Auch in diesen beiden Fällen basiert der Gewinn jedoch darauf, dass andere Unternehmen Güter oder Dienstleistungen produzieren und verkaufen müssen. Der Clou bei Marx ist die Annahme, dass die Lohnabhängigen Produkte herstellen, deren Wert höher ist als der Wert, den sie in Form des Lohnes bezahlt bekommen.

Was zeichnet verkürzte Analysen aus?

Verkürzte Analysen des Kapitals ignorieren, dass der Gewinn, Marx sprich von Mehrwert und Profit, im Produktionsprozess geschaffen wird, dass dort die Ausbeutung stattfindet. Weit verbreitet ist die Auffassung, Kapitalismus und Marktwirtschaft seien zwei verschiedene Wirtschaftsformen.

Richtig ist, dass es Tausch und Märkte seit Jahrtausenden gibt. In Europa wurde während der Bronzezeit am Ende des dritten Jahrtausends vor Christus intensiv gehandelt, schon weil es Zinn nicht überall gab. Im Mittelmeerraum transportierten längst Schiffe Wein, Olivenöl und Getreide in alle Richtungen, das Münzgeld wurde um 600 vor Christus in Kleinasien erfunden. Das setzte voraus, dass Güter regelmäßig mit der Absicht produziert wurden, sie zu verkaufen, statt selbst zu nutzen. Spätestens im römischen Reich existierte eine umfangreiche Produktion von Waren durch Sklav*innen, Lohnarbeiter*innen, Handwerker*innen und Bäuer*innen. Umfangreichen Handel und damit eine marktorientierte Produktion gab es früh auch in Asien, Afrika und Amerika.

Solche Phänomene bezeichnete Marx als einfache Warenproduktion. Sämtliche Zutaten für den modernen Kapitalismus existierten also längst in vielen Teilen der Welt. Bloß wurde die überwiegende Masse der Güter von den Produzent*innen selbst konsumiert, es handelte sich um Subsistenzökonomien. Überschüsse wurden in Form von Tributen und Abgaben direkt von Priestern und Fürsten, von Sklavenhaltern und Feudalherren angeeignet.

Dieses Verhältnis kehrte sich zuerst in Westeuropa dann auf dem gesamten Planeten im Verlauf von mehreren Jahrhunderten um, wobei die Stadtrepubliken in Norditalien sowie Städte im heutigen Belgien und den Niederlanden eine herausragende Rolle spielten, dazu norddeutsche Hansestädte und einige Reichsstädte wie Augsburg. Die Kaufleute und Bankiers im Fernhandel ließen bald eigene Waren in Lohnarbeit produzieren, Bergleute schürften Erz für die Fugger, Männer und Frauen produzierten Textilien in Florenz oder Gläser und Bücher in Venedig.

So wurde aus der einfachen die entfaltete Warenproduktion, aus dem Frühkapitalismus des europäischen Mittelalters der moderne industrielle Kapitalismus gegen Ende des 18. Jahrhunderts.

In aktuellen Debatten geht es in der Regel nicht darum zu ergründen, wie aus spontanen Tauschgeschäften, lokalen Märkten und einfacher Warenproduktion der Kapitalismus entstanden ist, sondern manche behaupten, Marktwirtschaft und Kapitalismus seien zwei prinzipiell verschiedene Wirtschaftsweisen, die nebeneinander bestehen, wobei Kapitalismus fälschlich als Finanzsphäre, Zinswirtschaft oder Großkapital dargestellt und Marktwirtschaft als Idylle gezeichnet wird, wo fleißige Menschen zum Wohl aller werkeln. Oft wird Marktwirtschaft befürwortet und Kapitalismus abgelehnt oder dazu aufgerufen, die Marktwirtschaft vor dem Kapitalismus zu retten. Solche Trugbilder finden sich bei Höcke und Wagenknecht. Damit verknüpft ist häufig die Vorstellung, es existierten zwei Paralleluniversen: Die eine Sphäre umfasst eine »Realwirtschaft« mit Unternehmer*innen, Arbeiter*innen, Handwerker*innen, Bauern und Bäuerinnen, die im Schweiße ihres Angesichts ehrliche Arbeit leisten. Ihnen gegenüber stehen Banken und Börsen, deren Agent*innen sich auf illegitime (wenn nicht illegale) Art und Weise an der Realwirtschaft und ihren Menschen bereichern. Die Finsterlinge würden ein arbeits- bzw. leistungsloses Einkommen beziehen und gelten daher als parasitär und unmoralisch.

Die alltägliche, legale Form der Ausbeutung durch Lohnarbeit wird ausgeblendet, was Kapitalismus ausmacht, wird gerechtfertigt, Hierarchien und Konkurrenz als notwendig dargestellt, um Menschen anzuspornen, oder aus einer sozialdarwinistisch-biologistischen Perspektive als Ausfluss eines Kampfes ums Dasein gedeutet.

Dieses Missverständnis ist verbunden mit Assoziationen und Wertungen, die sich diametral gegenüberstehen. Der Realwirtschaft werden positive Werte wie Arbeit, Beruf und Leistung, Sekundärtugenden wie Fleiß und Pünktlichkeit sowie Gemeinschaft und Gemeinwohl zugeordnet sowie die Konzepte von Marktwirtschaft bzw. sozialer Marktwirtschaft. Das Gegenbild der Finanzsphäre wird verbunden mit negativen Begriffen wie Wucher, Schacher, Zins, Schmarotzer, Heuschrecke, Parasit oder Vampir oder Eigenschaften wie Gier, Eigennutz oder Maßlosigkeit. Diese Vorstellungen und Begriffe lassen sich auf den Gegensatz von abstraktem Geld versus konkrete Arbeit zurückführen. Völkische Autoren prägten dafür in der Zeit des Gründerkrachs, einer Wirtschaftskrise, die Deutschland 1873 betraf, die griffige Parole vom schaffenden und raffenden Kapital, welche die Nationalsozialisten später oft verwendeten. Das schaffende Kapital ist gut, fleißig und deutsch, es besteht aus ehrenwerten Unternehmern der Realwirtschaft, das raffende ist hingegen an der Börse und in den Banken zu finden, ist böse, parasitär und vor allem jüdisch.

Die Sozialwissenschaftler Moishe Postone und Detlev Claussen entwickelten daraus den Begriff des strukturellen Antisemitismus: Die unpersönlichen, anonymen Herrschaftsverhältnisse des Kapitalismus werden personalisiert, in Gestalt des ›Banksters‹ und Spekulanten oder des dicken Kapitalisten mit Zylinder und Zigarre. Im nächsten Gedankenschritt folge eine Projektion auf die Juden.

Dabei kann rechte Kapitalismuskritik an das Alltagsverständnis anknüpfen. Denn Betrug, Korruption, Rechtsbruch und Kriminalität gehören zum Kapitalismus, der ein realer Kampf ums Dasein ist, ums Überleben auf dem Markt. Und Personalisierungen sind nicht völlig falsch. Denn hinter den Tauschverhältnissen stecken Beziehungen zwischen Menschen. Lohnabhängigen stehen Unternehmer*innen (oft deren Handlanger*innen in Gestalt von Vorarbeiter*innen oder Teamleiter*innen) gegenüber, die möglichst viel Arbeit aus ihnen pressen und so wenig wie möglich dafür bezahlen wollen. Zwar unterliegen Kapital und Lohnarbeit den Zwängen der Konkurrenz, aber unser konkretes Verhalten ist dadurch nicht in jeder Lebenslage komplett vorherbestimmt. Niemand ist gezwungen, Kinder schuften zu lassen oder Todesschwadronen gegen Gewerkschafter*innen einzusetzen. Deshalb bleibt es richtig, einzelne Kapitalvertreter*innen oder Unternehmen anzugreifen, etwa die Profiteure des Braunkohleabbaus im Hambacher Forst oder die Verantwortlichen des Diesel-Abgas-Skandals, der ja tatsächlich so etwas wie eine Verschwörung darstellt.

Typisch für rechte Kapitalismuskritik ist aber, dass sie so konkret nun auch wieder nicht werden will. Gerne wird der in der Regel männliche Kapitalist als Heuschrecke oder Krake gezeichnet, Symbole aus dem Arsenal des historischen Antisemitismus. Wenn reale Personen verbal angegriffen werden, sind es vorzugweise Juden wie Georg Soros oder die Rothschilds, deren Namen wiederum als Codes wirken.

Nach Auschwitz vermeiden es klügere Antisemit*innen direkt von Juden und Jüdinnen zu sprechen. Vor dem Nationalsozialismus war das oft überflüssig, weil Antisemitismus so weit verbreitet war. In beiden Fällen genügen Anspielungen, Chiffren, Codes. In den Opern von Richard Wagner sind es fiese Zwerge, die Goldschätze bewachen, heute spricht man von Manhattan, der Herrschaft der Wallstreet oder der amerikanischen Ostküste und die Eingeweihten wissen Bescheid.

Das Vorurteil, Juden und Jüdinnen seien faul und würden sich Reichtümer ergaunern, findet sich bereits im Mittelalter. Martin Luther (1483-1546) stellte die ›deutsche ehrliche Arbeit‹ den ›schmarotzenden und wucherischen Juden‹ gegenüber. Als er die Bibel aus dem Griechischen ins Deutsche übersetzte, führte er für das Wort Arbeit den Begriff Beruf ein, gleichbedeutend mit Berufung, Fügung und göttlichem Willen. So wurden Arbeit und Fleiß zu Markenzeichen nationaler Identität, später auch für deutsche Wertarbeit und deutsche Qualität. Damit konnte die falsche Gegenüberstellung schaffend – raffend auch in der Linken und der Arbeiter*innenbewegung punkten.

3. Kapitalismuskritik von rechts

Der Begriff Kapitalismus und die ersten Debatten um die neue Wirtschaftsweise

Der Begriff Kapitalismus geht auf das lateinische caput (= Kopf) zurück. Im 16. Jahrhundert findet sich im Italienischen der Begriff capitale (= Vermögen), der das Vieh bezeichnete. Als einer der ersten verwendete der liberale britische Ökonom David Ricardo (1772-1823) das Wort Kapitalismus. Von ihm stammt der Satz: »Es gibt keinen Weg, die Gewinne zu erhöhen, außer indem man die Löhne niedrig hält.« Dann taucht der Begriff in kritischer Absicht bei Louis Blanc (1811-1882) um 1840 und Pierre Lerroux (1797-1871) auf, zwei französischen Sozialreformern. Bezeichnend ist, dass Marx und Engels im Kommunistischen Manifest (1848) nicht von Kapitalismus sprechen. Sie verwenden mehrfach den Begriff Kapital und schreiben von der Bourgeoisie als Besitzerin der Produktionsmittel der modernen großen Industrie.

Ungeachtet der Begrifflichkeit begann im 18. Jahrhundert eine intensivere Debatte um ökonomische Fragen. Hintergrund war eine Globalisierung, die sich seit dem 16. Jahrhundert entwickelte, etwa der berüchtigte Dreieckshandel zwischen Europa, Afrika und Amerika. Europäische Händler lieferten Waffen oder Fusel nach Afrika, kauften dort Sklav*innen, die sie nach Amerika transportierten, wo sie sich auf den Plantagen zu Tode schuften mussten, und brachten Zucker und Melasse zurück nach Hause. Auf dieser neuen Geschäftsgrundlage konkurrierten europäische Staaten um die Macht. Sie kontrollierten die Wirtschaft durch Zölle und Monopole, Export- und Importverbote mit dem Ziel, maximalen Überschuss für das heimische Kapital und höhere Einnahmen für den Staat zu erzielen, um den Beamten- und Militärapparat zu finanzieren. Als Zeichen des Erfolgs galt dieser Wirtschaftspolitik, die als merkantilistisch, also kaufmännisch bezeichnet wird, ein Überschuss in der Handelsbilanz.

Deswegen wurde der Handel mit den Kolonien exklusiv in Lizenz an bestimmte Gesellschaften, die Handelskompanien, vergeben. Die Fracht durfte nur auf Schiffen unter der jeweiligen Flagge abgewickelt werden. Großbritannien legte diese Regel in der sogenannten Navigationsakte von 1651 fest. Diese Handelspolitik war ein wichtiger Grund für die Kriege europäischer Mächte im 17. und 18. Jahrhundert. Großgrundbesitzer und Bürgertum in den Kolonien in Amerika rebellierten schließlich gegen die Zölle und Monopole. Die berühmte Boston Tea Party von 1773, der Auftakt für den Unabhängigkeitskrieg in Nordamerika, richtete sich gegen Importzölle auf Tee aus Indien.

Vor diesem Hintergrund entwickelte sich Wirtschaft zum Gegenstand von Forschung und Reflexion und wurde zu einer Wissenschaft. Als erster entwarf der französische Arzt Francois Quesnay (1694-1774) ein vollständiges theoretisches Modell. Er teilte die Gesellschaft in drei Klassen: Grundbesitzer, Handwerker und Bauern. Die Handwerker waren seiner Meinung nach zwar wichtig, erwirtschafteten aber keinen Überschuss, weshalb er sie als sterile Klasse bezeichnete. Einen Überschuss erzielten seiner Ansicht nach nur die Bauern, weshalb er sie als produktive Klasse bezeichnete. Die Grundbesitzer konsumierten diesen Überschuss. Daraus leitete Quesnay ein Kreislaufmodell ab, das Tableau Economique (1757/58), das auf dem Papier geschlossen und wunderbar krisenfrei funktionierte.

Im Unterschied zu Quesnay und seinen Schülern betonte der Schotte Adam Smith (1723-1790) die Dynamik der neu entstehenden Industrie: Fortschreitende Arbeitsteilung und Produktivität steigern den Wohlstand. Smith war der Erste, der Begriffe wie Kapital, Wert, Preis, Profit, Lohn, Zins, Geld oder Rente nicht mehr isoliert betrachtete, sondern in einen Zusammenhang aus Produktion, Zirkulation und Konsumtion stellte. Sein Hauptwerk *The Wealth of Nations* (1776) gilt als Bibel des Kapitalismus und wird bis heute gerne zitiert.

Die Arbeit betrachtete Smith als einzigen exakten Wertmaßstab, der deshalb die gesamte Wirtschaft, den Austausch und die Preise reguliere. Allerdings finden sich an einigen Punkten widersprüchliche Aussagen. Einmal schreibt er, der Wert einer Ware sei durch die Arbeit bestimmt, die notwendig ist, um sie herzustellen, und er nahm an, dass der Arbeiter dem Kapitalisten seine Arbeit verkauft. An anderer Stelle heißt es, der Preis einer Ware bestehe aus den Bestandteilen Lohn, Profit und Grundrente. Schließlich meinte Smith, die Arbeit liefere einen Überschuss, einen Mehrwert, der zwischen Arbeiter und Unternehmer aufgeteilt werde.

Bereits Ricardo entwickelte die Arbeitswertlehre weiter: Wert und Preis eines Produkts würden nicht durch die konkrete Arbeit bestimmt, die zur Herstellung notwendig ist, sondern durch die Menge an Arbeit, die im Durchschnitt erforderlich ist, also im Vergleich des Aufwands aller Produzenten einer bestimmten Ware. Wer seine Ware mit weniger Arbeit herstellt, kann sein Produkt günstiger anbieten und sticht Konkurrenten aus. Ricardo lehnte die Vorstellung ab, die drei Produktionsfaktoren Arbeit, Kapital und Boden würden den Wert bestimmen. Diese Lehre findet sich ebenfalls bei Smith; sie ist heute eine Prämisse der Volkswirtschaftslehre, die Marx als Vulgärökonomie verspottete.

Sowohl Ricardo und Smith als auch Quesnay unterstellten, die Wirtschaft funktioniere prinzipiell harmonisch, sei ein perfektes, krisenfreies Kreislaufsystem. Vorausgesetzt es gebe keine schädlichen Eingriffe von außen. Das richtete sich gegen den Staat, denn Gewerkschaften gab es noch nicht. Smith und Ricardo traten als Kritiker des Merkantilismus und Verfechter des Freihandels auf. Ricardo entwickelte die Theorie der komparativen Kosten. Demnach gereicht der Handel zwischen reichen und armen Ländern allen zum Vorteil, wenn jedes Land die vorhandenen Ressourcen effektiv nutzt. Weniger entwickelte Länder sollten sich auf jene Sektoren konzentrieren, in denen ihre Unterlegenheit vergleichsweise am geringsten ist. Diese Theorie wird bis heute herangezogen, um Freihandelsabkommen zu begründen.

Der französische Ökonom Jean Baptist Say (1767-1832) brachte die Vorstellung von der krisenfreien Marktwirtschaft in dem nach ihm benannten Theorem auf den Punkt: Dauerhaft könne kein Überangebot existieren, weil »sich jedes Angebot seine Nachfrage selbst schafft«. Produkte würden im Prinzip mit anderen Produkten gekauft, Geld erleichtere bloß den Tausch. Bei vollständiger Flexibilität von Preisen und Löhnen, Mobilität und Transparenz herrsche völlige Harmonie. Der Markt und die Konkurrenz sorgten für Vollbeschäftigung. Wenn Krisen aufträten, seien äußere Faktoren schuld, der Staat oder überzogene Forderungen von Beschäftigten. Say formulierte damit das Credo liberaler Ideologie, wonach wir in der besten aller Welten leben.

Widerspruch meldete der britische Ökonom Thomas Malthus (1766-1834) an, erster Professor für politische Ökonomie an der Universität der East India Company. Er pochte darauf, dass Angebot und Nachfrage nicht im Gleichgewicht sein können: Die Nachfrage der Arbeiter müsse immer kleiner als das Angebot ausfallen, weil vom Gesamtwert der Produktion der Profit des Kapitals abzuziehen ist. Die Kapitalisten können sich ihre Produkte nur gegenseitig abkaufen und die Nachfrage der Grundbesitzer reiche nicht immer. Malthus hielt Absatzkrisen und Überproduktion für systemimmanent. Durch die Wirtschaftskrisen, die nach dem Ende der Napoleonischen Kriege und erneut 1825 auftraten, durfte er sich bestätigt fühlen. Als Ausweg schlug Malthus öffentliche Investitionen und Arbeitsmaßnahmen vor.

Kritik des Liberalismus in Deutschland

Die klassische Theorie aus Großbritannien stieß in Deutschland nur bei wenigen auf Begeisterung, weil dem Staat ein hoher Stellenwert eingeräumt wurde. Allerdings war die Kritik unterschiedlich motiviert. Konservative wollten die Ständegesellschaft mit ihren Privilegien für den Adel bewahren. Zu diesem Lager gehört der Philosoph und Diplomat Adam Müller (1779-1829), der als Hauptvertreter der politischen Romantik gilt. Er stand ab 1813 im österreichischen Staatsdienst. Müller war ein eifernder Katholik, vehementer Antisemit und Mitgründer der Deutschen Tischgesellschaft, einem Club aus Adeligen und Bürgerlichen,

Beamten und Offizieren, die eine Gleichberechtigung von Juden ablehnten.

Kennzeichnend für die politische Romantik war die organische Gesellschaftslehre. Der Begriff »organisch« wurde ein zentraler Begriff der deutschen Ideologie, er verweist auf Blut und Boden, Mystizismus und Willkür. Organisch ist gleichbedeutend mit natürlich, traditionell, historisch gewachsen. Alles andere wird als mechanistisch, materialistisch, künstlich, unorganisch und unnatürlich abgetan. Die absolutistische Monarchie, Stände und Zünfte, die Herrschaft von Adel und Klerus galten als gottgewollt und organisch, Menschenrechte, eine Verfassung, eine Republik hingegen als unorganisch. Später hieß es, der Einzelne habe sich Volk, Rasse und Gemeinschaft als organisch gewachsenen, hierarchisch-strukturierten, natürlichen Ganzheiten unterzuordnen, ihnen zu dienen bis in den Tod. Solche Ganzheiten konnten religiös begründet werden, als Ausfluss einer göttlichen Ordnung, oder unter dem Einfluss der Evolutionslehre auch säkular-biologistisch. Eine ständisch gegliederte agrarisch-handwerkliche statische Gesellschaft gilt als organisch, der liberale Kapitalismus und der Sozialismus hingegen als unnatürliche Kopfgeburten.

Müller wandte sich gegen die Reformen in Preußen, die Gewerbefreiheit, die Befreiung der Bauern aus feudalen Fesseln und die Gleichstellung der Juden, von Frauen war ohnehin nicht die Rede. Müller warnte, Ritter- und Bauernstand würden untergehen und nur Kaufleute, Handwerker und Juden übrigbleiben. Die Arbeit habe einem (imaginären) Ganzen zu dienen und Eigentum einer sozialen Bindung zu unterliegen, forderte Müller. Der Staat als ewiger, lebendiger Organismus müsse für eine krisenfeste Ökonomie sorgen.

In Bezug auf einen starken Staat waren sich deutsche Liberale mit den Konservativen einig. Die Liberalen wollten einen Einheitsstaat, der deutsche Unternehmer gegen die britische Konkurrenz mit Tarifen und Zöllen abschirmen konnte. Mit der Freihandelslehre konnten sie wenig anfangen. Der völkische Nationalismus der deutschen Liberalen und Demokraten, der sich bereits in den Kriegen gegen das revolutionäre Frankreich und Napoleon gezeigt hatte, war ökonomisch fundiert. Denn ihnen war bewusst, wie hoffnungslos rückständig Deutschland war. Die meisten Industrieprodukte mussten importiert werden, etwa sämtliche Loks, Waggons und Schienen für die ersten Eisenbahnen. Außerdem hielten die Liberalen des Biedermeier das Gebiet des Deutschen Bundes für zu klein für eine protektionistische Politik. Dieser heterogene Staatenbund unter Einschluss der Westhälfte der Donaumonarchie und Luxemburgs war auf dem Wiener Kongress 1815 entstanden. Deshalb forderten Liberale die Eroberung und Einverleibung von Nachbarstaaten.

Der erste prominente Autor, dessen Lehre viele Elemente dieser speziellen deutschen Ökonomie enthielt, war der Philosoph Johann Gottlieb Fichte (1762-1814). Er verklärte in seinem Buch mit dem programmatischen Titel *Der geschlossene Handelsstaat* (1800) die Landwirtschaft und verherrlichte Arbeit als »nationale Arbeit«, die das Volksganze stärken müsse. Der Staat habe Arbeit und ein Existenzminimum zu garantieren. Fichte forderte Autarkie in einem Großwirtschaftsraum, wofür ein deutscher Nationalstaat nach Osten und Südosten expandieren müsse. Fichte war ein fanatischer Antisemit, der Bürgerrechte für Juden ablehnte. Über ihre wirtschaftliche Betätigung schrieb er, die Juden seien ein Volk, »das sich selbst dazu verurteilt hat, ein Gewerbe auszuüben, das den Körper erniedrigt, den Geist unfruchtbar macht, indem es ihm jeden Zugang zu edlen Gefühlen versperrt«.

Als Begründer der deutschen politischen Ökonomie gilt der Unternehmer und Eisenbahnpionier Friedrich List (1789-1846) aus Reutlingen, zugleich der wichtigste Gegner des Manchesterkapitalismus. Sein Vorschlag, einen deutschen Zollverein zu schaffen, brachte ihm in Württemberg zehn Monate Festungshaft ein, weil er damit die Souveränität des Kleinstaates unterminierte. Nach zwei Jahren auf der Flucht stellte sich List, saß fünf Monate ab und ging anschließend in die USA ins Exil, wo er sich politisch, publizistisch und geschäftlich im Eisenbahnbau erfolgreich betätigte. Erst 1832 kehrte er unter dem Schutz der

US-Staatsbürgerschaft nach Deutschland zurück und beteiligte sich wieder an Debatten.

Der britische Vorsprung war List wohl bewusst. Länder wie Deutschland oder die USA sollten sich deshalb abschotten. Er plädierte für einen mitteleuropäischen Wirtschaftsraum, der durch die Angliederung Dänemarks, der Niederlande und ihrer Kolonien in Asien sowie Südosteuropas ausgeweitet werden sollte. »Der ganze Südosten jenseits Ungarn ist unser Hinterland«, erklärte List. Der Balkan war für ihn so etwas wie der Wilde Westen, ein riesiges Gebiet, das Siedler einer überlegenen germanischen Rasse zivilisieren sollten. Wie Fichte und Müller wandte sich List gegen die liberale Ideologie und den Individualismus und warb für staatliche Eingriffe. Er wetterte gegen den Unternehmer, der nur Reichtum anhäufen wolle. Vielmehr habe die Wirtschaft dem Ganzen, der Nation, zu dienen, Landwirtschaft und Kleingewerbe seien die Basis. Er kritisierte Adam Smith, der die »kosmopolitische Idee der absoluten Freiheit des Welthandels« begründet habe. Er hingegen habe sein ganzes Werk auf der Natur der Nationalität gegründet.

Selbstverständlich waren Fichte oder List keine Antikapitalisten. Sie kämpften als Nationalisten für die staatliche Einheit und gerieten darum in Gegensatz zu reaktionären Kräften, die die Fürstentümer verteidigten. Ihre Vorstellungen vom starken Staat, der die Wirtschaft reguliert, sowie die Forderungen nach Protektionismus und einem Ausgleich zwischen Kapital und Arbeit unterschieden sie jedoch von britischen Liberalen. Ihre Ideen waren in Deutschland prägend und wurden von unterschiedlichen Gruppen aufgegriffen.

Völkische Antikapitalisten und Kathedersozialisten

Während gelehrte Traktate nur von wenigen gelesen wurden, erzielten Schriftsteller eine größere Wirkung. Vor allem zwei Autoren trugen dazu bei, einen völkischen Antikapitalismus zu verbreiten. Der Liberale Gustav Freytag (1816-1895), der gegen organisierten Antisemitismus auftrat, schuf einen antisemitischen Bestseller. In dem sechsbändigen Roman *Soll und Haben* (1855) stellte er die Figur des wurzel- und skrupellosen, hartherzigen, faulen, lasterhaften und kriminellen Juden Veit Itzig, der an der Börse agiert, dem treuen, ehrlichen und verantwortungsvollen Deutschen Anton Wohlfahrt gegenüber. Dazu verwendete Freytag die Stereotypen von tüchtiger deutscher Arbeit versus schlampiger polnischer Wirtschaft. Wenige Jahre später kontrastierte Wilhelm Raabe in *Der Hungerpastor* (1863) einen ehrlichen Deutschen, der als gütiger Pastor in einer armen Gemeinde wirkt, mit einem machtgierigen, zynischen, intellektuellen Juden, der schließlich in einem Fluss ertrinkt.

Auf solche Motive und Stimmungen konnte die völkische Bewegung im Kaiserreich aufbauen. Der Gründerkrach von 1873 wirkte wie ein Beschleuniger. In Zeitungen, Broschüren und Büchern wurden die Juden als Urheber beschuldigt: sie würden Banken und Börsen kontrollieren, die Judenpresse die öffentliche Meinung manipulieren und judenfreundliche liberale Politiker für ihnen genehme Gesetze sorgen. Als einer der ersten definierte der Journalist Wilhelm Marr (1819-1904) die Juden und Jüdinnen als fremde Rasse, die kaum zu integrieren sei. Marr benutzte dafür den Begriff Antisemitismus, um sich von der traditionellen christlich begründeten Judenfeindschaft abzugrenzen und seinen Hass als wissenschaftlich fundiert auszugeben.

Rassenbiologische Begründungen waren für die Judenhetze dennoch nicht ausschlaggebend. Vielmehr attackierten Antisemiten einen ominösen jüdischen Geist, einen Charakter und eine Haltung, die sie auf Vorgaben der jüdischen Religion, insbesondere des Talmuds, zurückführten. Die mittelalterlichen Vorstellungen über jüdischen Wucher, eine Unfähigkeit der Juden zu ehrlicher Arbeit sowie deren geheimen Machenschaften wurden zur wahnhaften Idee einer jüdischen Weltherrschaft mittels Bank und Börse verdichtet. Ein neues Angriffsziel waren die Kaufhäuser, ein urbanes Phänomen, oft im Besitz oder von jüdischen Familien gegründet. Bereits 1905 organisierten völkische Aktivisten in München den ersten Boykott von Warenhäusern sowie tätliche Übergriffe auf Juden und Jüdinnen.

Die Agitation richtete sich auch gegen die rechtliche Gleichstellung der Deutschen jüdischer Herkunft, im damaligen Sprachgebrauch ihre Emanzipation als bürgerliche Subjekte. Unmittelbare ökonomische Zielscheibe war die Gewerbefreiheit, in Deutschland (1872) verglichen mit England (1814) spät eingeführt. Sie setzte das bis dahin geschützte Handwerk dem freien Markt aus. So ist es nicht verwunderlich, dass ein diffuser Mittelstand, der sich in einer Zange zwischen sozialistischer Arbeiter*innenbewegung und großem Kapital befand, Adressat des völkischen Antikapitalismus war. Das Kleinbürgertum, die Selbstständigen, Bauern und Bäuerinnen, Handwerker*innen und Ladenbesitzer*innen stellten einen beachtlichen Anteil der Bevölkerung dar, vergrößert um die Stehkragenproletarier, wie die Angestellten spöttisch genannt wurden. Diese Mittelschicht bildete später die soziale Basis des Faschismus.

Der Journalist Otto Glagau verwandte 1874 in der Zeitschrift Die Gartenlaube erstmals das Gegensatzpaar schaffendes und raffendes Kapital. In seinen Schriften verherrlichte Glagau das Mittelalter. Das Handwerk habe geblüht, Arbeiter und Unterschicht bescheidenen Wohlstand genossen und größte politische Freiheit geherrscht. Der Manchesterkapitalismus und der Liberalismus hingegen ließen nur Großfabrikanten und Aktiengesellschaften übrig. Das Parlament vertrete bloß die Interessen von Großindustrie und Großhandel. Glagau wollte die Industrialisierung mindestens eindämmen, wenn nicht stoppen: Er wollte die Gewerbefreiheit aufheben, die das Handwerk ruiniere, und Zwangsinnungen einführen, die Fabrikanten sollten verpflichtet werden, Handwerksmeister einzustellen. Überhaupt sollte die Fabrik- zugunsten der Hausindustrie und die Maschinen- zugunsten der Handarbeit beschränkt werden.

Den größten Gewinn aus den Freiheiten des Liberalismus und Manchesterkapitalismus zögen die Juden, behauptete Glagau. Sie seien am »Börsen- und Gründungsschwindel« schuld, beherrschten die lügnerische »Afterpresse« und die liberalen Parteien. Er schrieb:

> »Das System des freien Handels, das die Schule von Manchester preist, ist die Doktrin des Midas-Gottes. Alles soll zu Geld werden – die Scholle, die menschliche Mühe und Tüchtigkeit; dieses System verherrlicht den Egoismus, verwirft jedes Gemeinschaftsgefühl, jede Menschlichkeit und jedes moralische Prinzip. Es predigt einen ungeschminkten Materialismus.«

Das Judentum sei »das angewandte, bis zum Extrem getriebene Manchesterthum. Es kennt nur noch den Schacher und Wucher. Es arbeitet nicht selber, sondern lässt Andere für sich arbeiten«. Sein Zentrum sei die Börse, die sich »ganz und gar in jüdischen Händen befindet«.

Die Arbeitsverhältnisse in den Betrieben, die Konkurrenz zwischen Unternehmen oder die Eigentumsverhältnisse waren für Glagau kein Thema. Seine Klage, alles würde zur Ware, findet sich bei heutigen Globalisierungskritikern wieder. Aber genau das bedeutet Marktwirtschaft. Stattdessen machte Glagau die Fremden verantwortlich, die Engländer und vor allem die Juden, die nicht arbeiten, sondern wie Parasiten leben würden.

Marr war zu Zeiten der 1848er-Revolution ein radikaler Demokrat, Atheist und Anarchist gewesen. Nun behauptete er, die goldene und die rote Internationale würden gemeinsam die Gesellschaft zerstören. Die Juden seien Parasiten, die Deutschland ausbeuteten; den Kapitalismus identifizierte Marr als Herrschaft der Juden als einem Volk von Kaufleuten. Den Begriff der goldenen Internationale prägte 1875 der Publizist Ottomar Beta (1845-1913), Marr und Carl Wilmanns (1835-1898), ein Amtsgerichtsrat und Reichstagsabgeordneter, sorgten für eine weite Verbreitung. Wilmanns (1876) forderte die »Emanzipation der redlichen Erwerbsamkeit von der Herrschaft der privilegierten Geldmacht«. Diese Macht identifizierte Wilmanns mit den Banken und Börsen, die von den Juden beherrscht würden.

Die Rothschilds wurden zum Symbol dieser Wahnvorstellung. Die Begriffe Kapitalist und Jude wurden als Synonyme verwendet. Der Judenkapitalist galt als faul und parasitär, würde sich von deutscher Arbeit nähren, er beute Bauern, Handwerker, Arbeiter, Unternehmer und Kaufmann aus. Die Lösung der sozialen Frage bestehe darin, die Volksgemeinschaft von dieser Plage zu befreien. »Es gilt die Tyrannei des Kapitals zu brechen, das Kapital der Arbeit dienstbar zu machen, die Arbeit wieder zu ehren zu bringen. Es gilt, das arbeitende Volk gegen die Ausbeutungssucht eines fremden Stammes zu schützen. Die sociale Frage ist wesentlich Judenfrage«, schrieb Glagau.

Eine weitere Schlüsselfigur war Theodor Fritsch, der als direkter Vorläufer des Nationalsozialismus gilt. Beachtenswert ist, dass er jahrzehntelang als Interessenvertreter des Mittelstandes, als Verbandspolitiker, agierte und als Funktionär und Verleger von dieser Klientel lebte. Der gelernte Maschinenbauer und Ingenieur gründete 1879 den Deutschen Müllerbund. Seine publizistische Karriere startet er im folgenden Jahr als Herausgeber des Kleinen Mühlen Journals, dem Verbandsorgan. 1904 gründete Fritsch die Deutsche Mittelstandsbewegung und wurde Mitglied im Vorstand. 1905 war er Vorsitzender der Mittelstandsvereinigung in Sachsen, die seinen Angaben zufolge bald 140.000 korporativ angeschlossene Mitglieder hatte. 1911 saß er im Hauptvorstand des Reichsdeutschen Mittelstandsverbandes mit über einer halben Million Mitglieder.

Parallel wirkte Fritsch als Hassprediger und Organisator. Er publizierte Schriften wie den Antisemiten-Katechismus, der unter dem Titel *Handbuch der Judenfrage* bis 1933 in einer Gesamtauflage von knapp 100.000 Exemplaren erschien und von Hitler als Wegbereiter des Nationalsozialismus gerühmt wurde. Seit 1902 gab Fritzsch die Zeitschrift *Hammer* heraus, die vor dem Ersten Weltkrieg rund 8.500 Abonnenten gewann. Die Leser formierten sich 1912 im Reichshammerbund, seinerseits ein Gründungszweig des Deutschvölkischen Schutz- und Trutzbundes, der ersten Massenorganisation eines militanten Antisemitismus in der Weimarer Republik. Durch die Kombination aus mittelständischer Massenorganisierung, antisemitischer Publizistik und Kaderbildung wollte Fritsch ein »Kartell der schaffenden Stände« gegen Großkapital und Sozialdemokratie schaffen.

Die wirtschaftspolitischen Beiträge im *Hammer* hatten allerdings nicht viel zu bieten. Die Autoren riefen nach dem

Staat, sie forderten Schutzzölle und eine Steuergesetzgebung zugunsten des Mittelstandes. Ansonsten finden sich lediglich antisemitische Phrasen wie jene von der »Brechung der Zinsknechtschaft«. Das dürftige Niveau der Beiträge kommt nicht von ungefähr. Zwar sahen sich Kleinbürgertum und Mittelstand von »Großkapital« und Banken bedroht. Aber diese Schichten beuten teilweise selbst Lohnarbeit aus, besitzen Grund und bescheidene Vermögen, die Zinsen tragen sollen. Die Abschaffung des Zinses oder eine Vergesellschaftung von Grund und Boden, die Geld- und Bodenreformer vorschlugen, hätte sie verschreckt. In der »Kampfzeit« der NSDAP mochte Gottfried Feder (1883-1941) mit solchem Geschwätz als Chefideologe durchgehen, Faschisten an der Regierung würden mit solchen Experimenten ihre mittelständische Basis und das Wohlwollen der Bourgeoisie aufs Spiel setzen. So blieb dem völkischen Pseudo-Antikapitalismus nur die antisemitische Radikalisierung als Ersatzhandlung. Fritsch etwa rechtfertigte möglichst viele Kapitalfraktionen und -funktionen. Selbst Spekulation und Zins akzeptierte er. Bloß bei »krankhafter Ausartung durch den Mißbrauch des Kapitals« oder »wucherische(n) Zwangsregeln« mahnte er »gewisse Schranken« an. Klar war für ihn bloß eines: »Die verderblichste Art des Kapitals befindet sich meist in jüdischen Händen.«

1872 gründeten einige Professoren den Verein für Socialpolitik. Sie bekamen den Spitznamen Kathedersozialisten, weil sie für soziale Reformen eintraten. Sie klagten, der Liberalismus führe zu rein materialistischer Kapitalanhäufung, entbinde den Staat von seinen Pflichten und vernachlässige nationale Belange. 1887 publiziert der Verein unter dem Titel *Der Wucher auf dem Lande* eine Sammlung von Berichten aus verschiedenen Teilen Deutschlands. Etliche Autoren beschuldigten die Juden, notleidende und unwissende Bauern auszunehmen. Einer der Wortführer war Professor Adolf Wagner (1835-1917), einer der bedeutendsten deutschen Ökonomen dieser Zeit. Er propagierte einen »deutsche Sozialismus«; unter Leitung des Staates sollten Kapital und Arbeit kooperieren. Pastor Friedrich Naumann

(1860-1919) prägte den Begriff des nationalen Sozialismus: Das Einzel-Ich solle sich dem Gesamt-Ich unterordnen. Alle wollten Deutschlands Stellung auf dem Weltmarkt stärken. Nach Naumann ist heute die Parteistiftung der FDP benannt

Prominentester Vertreter dieses nationalen Sozialismus war der Soziologe und Volkswirt Werner Sombart (1863-1941). Als Professor für Staatswissenschaften dozierte er in Breslau, später an der Handelshochschule in Berlin, von 1918 bis zur Emeritierung 1931 an der Friedrich-Wilhelms-Universität. Er war Mitglied der Preußischen Akademie der Wissenschaften und der nationalsozialistischen Akademie für Deutsches Recht. 1934 gehörte Sombart zu den Unterzeichnern des Aufrufs »Deutsche Wissenschaftler hinter Adolf Hitler«. Bis zu Selbstauflösung des Vereins für Socialpolitik 1936 amtierte er als Vorsitzender.

Sombart galt anfangs als Sozialist, weil er über Marx und die sozialistische Bewegung geschrieben hatte. Er begriff die Verwertung des Kapitals als objektiven Zwang, Kapitalismus sei systematisch auf Gewinn ausgerichtet, Besitzer von Produktionsmitteln und Arbeiter stünden sich gegenüber. Seine Feststellung, Kapitalismus setze einen ökonomischen Rationalismus voraus, im Unterschied zum »Prinzip der Ruhe«, das vorkapitalistische Ökonomien auszeichne, verwies bereits auf eine kulturpessimistische Note.

1911 publizierte Sombart eine Schrift über den Einfluss der Juden auf die Wirtschaft, die er für diesen Rationalismus verantwortlich machte. Seine These lautete, die Juden hätten aufgrund besonderer Eigenschaften, ihrer Mentalität und Wertvorstellungen den Kapitalismus geschaffen und bis in die Gegenwart kontrolliert. Er wandte sich ausdrücklich gegen den Kollegen Max Weber (1864-1920), der den Protestantismus in seiner puritanischen Variante als Motor bezeichnet hatte. Sombart hielt nicht die Askese, sondern den Rationalismus für entscheidend. Er deutete diese Haltung als Produkt einer Überlebensstrategie: Als Fremde hätten die Juden überall auf sich allein gestellt um ihr Auskommen kämpfen müssen.

Diese Erklärung schien noch von Fakten gestützt, allerdings bestand die Masse der Juden nicht aus Kapitalisten, die meisten lebten in Osteuropa in bitterstem Elend und wurden als »Luftmenschen« bezeichnet. Zunehmend driftete Sombart ins völkische Fahrwasser ab. Er übernahm die wirre Idee eines Gegensatzes zwischen nordischen Waldbewohnern und jüdischem Wüstenvolk. Die Juden seien aufgrund ihrer Vergangenheit als Wüsten- und Wandervolk ein »heißes Volk«, geistig rege, aktiv und für das Leben in der Großstadt geschaffen, die er als »Fortsetzung der Wüste« deutete, im Unterschied zu den »kalten Völkern« des Nordens, die seit jeher ihre Scholle bearbeiteten.

Obwohl Sombart den Anspruch erhob, streng wissenschaftlich objektiv zu sein, ließ er seinen Vorurteilen freien Lauf. Die Juden hätten die vorkapitalistische Ökonomie zerstört, die sich mit Ruhe am Gebrauchswert und der Versorgung orientiert habe. Ihre Gewinnsucht sei zügellos, sie wären unbarmherzig und rücksichtslos gegenüber ihren »Wirtsvölkern«, durch Dumping würden sie die Preise verderben und die Qualität der Waren verschlechtern. Sie beherrschten die großen Börsen Europas wie früher die Finanzen der Fürsten, betätigten sich als Hehler, seien Kriegsgewinnler und arbeiteten alle zusammen, wie eine einzige Handelskompanie.

Mehrfach wies Sombart rassenbiologische Argumente zurück, die er als plebejisch abqualifizierte. Nicht das Blut, sondern der jüdische Geist sei entscheidend. Diese Gesinnung des Judentums führte Sombart auf die Geschichte und biologische Auslese sowie die Gebote der Religion und insbesondere des Talmuds zurück. Der einzelne Jude könne diesen Geist abstreifen, schrieb er 1934, als er schon dem Nationalsozialismus huldigte, aber als Gesinnung bleibe der jüdische Geist präsent und habe einen verderblichen Einfluss. Es sei deshalb die Mission der Deutschen und des deutschen Sozialismus, diesen Geist zu überwinden.

Auch die Spaltung in schaffendes und raffendes Kapital findet sich bei Sombart insofern, als er in der Brust des Kapitalisten zwei Seelen schlagen ließ, jene des Unternehmers und jene des Händlers. Zum Unternehmertyp zählte Sombart die Erfinder, Entdecker, Eroberer und Organisatoren sowie die Kaufleute in früheren Zeiten, die von Visionen und Wagemut getrieben etwas Neues schufen. Der Händler hingegen verstehe sich aufs Berechnen und Verhandeln, aufs Spekulieren und Kalkulieren, auf Geldgeschäfte. Diesen Typus verkörperten die Juden, vom »Altkleiderjuden« bis zu Nathan Rothschild.

Im Gefolge der Weltwirtschaftskrise entwickelte Sombart (1932) die These, der Kapitalismus habe durch staatliche Eingriffe und die Macht der Gewerkschaften, aber auch einer inneren Logik seine Dominanz eingebüßt. Der Ausbruch des Weltkrieges markiere die »Epoche des Spätkapitalismus«. Kartelle, Konzentrationsprozesse und staatliche Regulierungen würden den Markt beseitigen. Die bürokratische Rationalisierung habe den unternehmerischen »Räubergeist« ersetzt und zur »Verrentung oder Verfettung« geführt.

Als Lösung favorisierte Sombart einen »deutschen Sozialismus«, ein autoritäres Regime, das nach dem Führerprinzip Wirtschaft und Gesellschaft organisiert. Jeder sollte sich in eine Hierarchie von Ständen und Rängen einordnen und sein Leben der Nation opfern. Sombart empfahl eine Planwirtschaft mit einem obersten Planungsrat für die Produktion. Ein »Wüstenbereich« industrieller Großbetriebe sei zwar unvermeidlich, müsse aber eingeschränkt werden, die großen Banken sollten verstaatlicht, Land- und Forstwirtschaft der Konkurrenz weitgehend entzogen werden. Fortan sollten nur noch die Handwerker und kleinen Händler im Rahmen einer freien Marktwirtschaft agieren. Deutschland solle den Freihandel aufgeben und mit dem Ausland Handelsverträge und Zollunionen abschließen, die Exporte müssten die Importe überwiegen. Außerdem forderte er, zur Agrargesellschaft zurückzukehren sowie weitgehende Autarkie in einem um Südosteuropa erweiterten Wirtschaftsraum.

NSDAP: Deutscher Sozialismus

Die Nationalsozialisten profitierten von solcher Vorarbeit. Während der sogenannten »Kampfzeit« gegen die Weimarer Republik waren die Begriffe Sozialismus und Arbeit für ihre Propaganda zentral. Was damit gemeint war, führte Hitler in einer Rede im August 1920 im Festsaal des Münchner Hofbräuhauses vor etwa 2.000 Zuhörern aus:

> »Ariertum bedeutet sittliche Auffassung der Arbeit und dadurch das, was wir heute so oft im Munde führen: Sozialismus, Gemeinsinn, Gemeinnutz vor Eigennutz. Judentum bedeutet egoistische Auffassung der Arbeit und dadurch Mammonismus und Materialismus, das konträre Gegenteil des Sozialismus.«

Er betonte, dass die NSDAP nicht gegen das Betriebskapital, also das Industriekapital, sondern gegen das Börsen- und Leihkapital kämpfe, Letzteres operiere international, befände sich in den Händen der Juden, sei parasitär und zerstöre die nationale Wirtschaft. Er konstruierte einen Gegensatz zwischen den beiden Kapitalarten und behauptete, um die Bedrohung zu verdeutlichen, 15 Milliarden Industriekapital stünden 300 Milliarden Leihkapital gegenüber.

Josef Goebbels pries 1932 den Sozialismus als Sehnsucht und die Macht des kommenden Jahrhunderts. Sozialismus bedeutete für ihn das Zusammenleben von Bürgern und Proletariern als Berufsstände in der hierarchisch gegliederten »sozialistischen Volksgemeinschaft« im Rahmen einer Diktatur. Dagegen sei der Marxismus die »dünn auslaufende Linie des bürgerlichen Liberalismus« und ende in einer »Diktatur der Börse«. Goebbels konstruierte einen Gegensatz zwischen der Demokratie, die auf der falschen Vorstellung der Gleichheit aller Menschen basiere, und dem Sozialismus, der wesentlich aristokratisch sei. Er verlangte eine breite Streuung des Eigentums an Produktionsmitteln, sagte aber nicht, wie diese zu erreichen sei, sondern erging sich in Phrasen. »Die Vermehrung der Eigentümer ist gleichbedeutend mit der Nationalisierung der breiten Massen. Durch Eigentum zur wirtschaftlichen Unabhängigkeit, über sie zur staatlichen Bewußtheit und durch sie zur nationalen Freiheit, das ist der Weg, das ist das Ziel«, verkündete er.

Charakteristisch für faschistische Agitation ist, dass Sozialismus als Gemeinsinn und Gemeinnutz definiert wird, als sittliche Haltung, als Arbeit und Pflichterfüllung für eine Volksgemeinschaft, in der Klassen nicht existieren, sondern nur Berufsstände, die sich einfügen und einem Führerstaat unterordnen. Im Gegensatz dazu wird der Marxismus als Verlängerung des Liberalismus, als Werkzeug des Judentums gedeutet, der über die Enteignung von Mittelschicht und Kapital zur Weltherrschaft eines jüdischen Finanzkapitals führt. Arbeit bedeutete Arbeitsdienstpflicht und Höchstleistung im Dienst des Volkes. Dem arbeitenden Deutschen wurde der zur Arbeit unfähige Jude entgegengestellt, Judentum gleichgesetzt mit Egoismus, Geldgier und Materialismus. Die reale Spaltung der Gesellschaft wurde ausgeblendet, der Klassenkampf als jüdisches Machwerk diffamiert, um die Deutschen vom eigentlichen Konflikt, dem Daseinskampf der Rassen, abzulenken.

In der Agrarpolitik betonten NS-Funktionäre einen Gegensatz zwischen schollenverbundenen Bauern und wurzellosen jüdischen Nomaden, der rassisch bedingt und auf unterschiedlichen Böden gediehen sei, wie Hermann Reischle vom Stabsamt des Reichsbauernführers 1936 auf dem vierten Reichsbauerntag in Goslar ausführte. Das Bauerntum sei nordischen Ursprungs, die Gemeinschaft aus Bauern, Familienangehörigen und Gesinde das Modell für Betriebsführer und Gefolgschaft. Dieses Bauerntum zeichne sich durch ehrliche, fleißige Arbeit aus, durch den Dienst am Ganzen, an der Gemeinschaft, aus dem der organische Staat erwachse. Reischle stellte die abstruse Theorie auf, der Ackerbau sei von einer nordischen Rasse in Europa nach der Eiszeit erfunden worden. Hingegen sei der Nomade ein Räuber und Parasit. Die nomadische Rasse sei staatszersetzend, habe Hehlerei und Betrug, Schacher und Wucher erfunden. Ihre Ausbreitung habe den Kapitalismus als System erzeugt.

Eine wichtige Rolle in der Agitation spielten Geld und Zinsen. Das lag nahe, weil die Inflation nach dem Ersten Weltkrieg alle Geldeinkommen und Ersparnisse entwertete. Der Zins war für Gottfried Feder entscheidend. Für ihn war »die internationale Zinsverpflichtung (...) die letzte Etappe auf dem Wege zur jüdischen Weltherrschaft«. Folgerichtig erklärte Feder die »Brechung der Zinsknechtschaft« zum »Herzstück« des

NSDAP-Programmes. Wie schon im Kaiserreich kam dessen Abschaffung aber nicht infrage, die Agitation gegen den Zins diente als Vehikel antisemitischer Radikalisierung. So versicherte Feder seinem Publikum, es ginge nicht um kleine Rentner oder Sparer, die Zinsen kassierten, sondern um die Börsianer, das Finanzkapital, »Winkelbankiers« und »Geldjuden«, die »internationale Hochfinanz«. Er wolle die »Zinsknechtschaft des schaffenden deutschen Volkes gegenüber dem überstaatlichen Finanzkapital« überwinden, denn diese Knechtschaft sei das Synonym für die »Tatsache der Judenherrschaft«.

Feder forderte, die Wirtschaft durch günstige Kredite und öffentliche Aufträge, also staatliche Nachfrage, anzukurbeln, ähnlich wie der britische liberale Ökonom John Maynard Keynes (1883-1946). Die Reichsbank und alle Notenbanken sollten verstaatlicht werden. Öffentliche Aufträge sollten durch »Staatskassengutscheinen« finanziert werden, Bau- und Wirtschaftsbanken zinslose Kredite an Private für Bauprojekte vergeben. Diese Scheine würden durch den Wert der geschaffenen Objekte, die Kredite durch den Wert der neuen Häuser und ihre Mieteinnahmen gedeckt.

Nachdem die NSDAP die Regierung übernommen hatte, wurde Feder allerdings nicht Wirtschaftsminister, sondern auf den Posten eines Staatssekretärs für Siedlungsfragen abgeschoben. Im November 1934 wurde Feder sogar von diesem Posten wieder entlassen und bekam eine Stelle als außerordentlicher Professor an der Technischen Hochschule Berlin.

Die Brüder Gregor und Otto Strasser, die sich als linker Flügel der NSDAP aufspielten, gaben ähnliche Phrasen von sich. Eindeutig waren lediglich ihr Antisemitismus und der Ruf nach dem autoritären Staat. Im sogenannten Bamberger Programm-Entwurf (1926) forderte Gregor Strasser (1892-1934), alle Juden, die seit 1914 eingewandert waren, auszuweisen. Alle anderen sollten zu Ausländern erklärt werden, womit ihre staatsbürgerliche Gleichstellung rückgängig gemacht würde. In Bezug auf die Wirtschaft forderte Strasser eine »weitgehende Überführung der Produktionsmittel in den Besitz der Allgemeinheit (...) unter Beibehaltung des privatwirtschaftlichen Betriebssystems und unter Schonung des Besitzergefühls«. Die Arbeiter sollten mit bis zu zehn Prozent am Kapital beteiligt werden. Dieser nationale Sozialismus sollte durch eine nationale Diktatur errichtet werden.

Bezeichnend sind widersprüchliche Aussagen. So behauptete Gregor Strasser 1932 einerseits: »Wir sind Sozialisten, wir sind Feinde, Todfeinde des heutigen kapitalistischen Wirtschaftssystems.« Andererseits betonte er: »Wir erkennen das Privateigentum an. Wir erkennen die private Initiative an. Wir sind gegen die Verstaatlichung der Industrie. Wir sind gegen die Verstaatlichung des Handels.« Im Reichstag sprach Strasser von der »großen antikapitalistischen Sehnsucht, die durch unser Volk geht«, versicherte aber, diese bedeute »nicht im geringsten eine Ablehnung des aus Arbeit und Sparsinn entstandenen sittlich berechtigten Eigentums«. Gregor Strasser verließ die NSDAP im gleichen Jahr nach der Niederlage in einem internen Machtkampf und wurde Betriebsdirektor bei der Chemiefirma Schering.

Sein Bruder Otto Strasser (1897-1974) hatte die Partei bereits im Juli 1930 mit großem Getöse verlassen. Er gründete die Kampfgemeinschaft revolutionärer Nationalsozialisten, ein Jahr später umbenannt in Schwarze Front. In seiner Erklärung »Die Sozialisten verlassen die NSDAP« (1930) versicherte Otto Strasser, der Nationalsozialismus sei eine großartige Idee. Denn er sei »die große Antithese des internationalen Kapitalismus, der die Idee des Sozialismus als der Gemeinwirtschaft einer Nation zugunsten einer Nation durchführt und jenes System der Herrschaft des Geldes über die Arbeit bricht, das die Entfaltung der völkischen Seele und die Bildung einer wahren Volksgemeinschaft zwangsläufig verhindert«. Wie sein Bruder und andere Agitatoren verdrehte Otto Strasser Sozialismus zu einer »Anteilnahme der Gesamtheit der Schaffenden an Besitz, Leitung und Gewinn der ganzen Wirtschaft dieser Nation«.

Sein deutscher Sozialismus war allenfalls antimonopolistisch. Strasser forderte, den Großgrundbesitz zu beseitigen. Jeder sollte auf einem Stück Land selbst wirtschaften können, für den Eigenbedarf oder für den Markt. Auf diese Weise wollte Strasser auch die Ansiedlung von Bio-Deutschen im Osten, ein altes Ziel der Völkischen, befördern. Banken und Kreditinstitute sollten nur noch als »Hilfsgewerbe« dienen, was an aktuelle Vorstellungen erinnert, wonach sich Banken auf ihre vermeintlich wahre dienende Funktion besinnen sollten, als müssten Banken nicht Gewinn erzielen wie jedes Unternehmen. Dazu wollte Strasser die Großstädte, Warenhäuser und Reklame abschaffen. Er plädierte für Autarkie und einen Führerstaat, kein Fremder sollte Land in Deutschland besitzen dürfen. Strasser lehnte »alles Wesensfremde, aller fremden Einflüsse« ab, gemeint waren katholische Kirche, Freimaurer und Juden, und forderte eine »rassische Höherentwicklung« der Deutschen. Gregor Strasser wurde während des sogenannten Röhm-Putsches 1934 ermordet, sein Bruder Otto war bereits im Exil. Nach seiner Rückkehr gründet Otto Strasser 1956 die Deutschsoziale Union (DSU), die mit der Freisozialen Union (FSU), den Anhängern Silvio Gesells, kooperierte. Die DSU blieb eine Splittergruppe und löste sich 1962 auf.

Neonazis, Neue Rechte und AfD

Innerhalb der extremen Rechten kursieren verschiedene Vorstellungen zu wirtschaftlichen Fragen. Auffällig ist, dass fundierte Analysen, theoretische Ansätze und differenzierte Konzepte fehlen. Stattdessen finden sich Parolen und Schlagworte. Antikapitalistisch klingende Slogans zielen nicht darauf ab, das herrschende Wirtschaftssystem zu kritisieren, sondern sind oft mehr schlecht als recht chiffrierte antisemitische Botschaften. So etwa der folgende Spruch einer Neonazigruppe: »Ob Frankfurt, Hamburg, Buxtehude / der Feind ist immer der ... Kapitalismus‹. Es ist in diesem versteckten Reim klar, wofür die Leerzeichen stehen.

Dabei setzen verschiedene Strömungen und Organisationen unterschiedliche Akzente. So greifen Neonazis auf die Vorstellung eines deutschen Sozialismus zurück, etwa die Kleinstpartei

Der dritte Weg in ihrem Zehn-Punkte-Programm. In Publikationen der sogenannten Neuen Rechten werden allerlei Ideen gesponnen, vom Ständestaat, der Autarkie und Großraumwirtschaft über rechtslibertäre Fantasien von freien Privatstädten, also unabhängigen Stadtstaaten, von neoliberalen bis »sozialpatriotischen« Positionen. Weit verbreitet sind Bekenntnisse zur Marktwirtschaft, als wäre das etwas anderes als Kapitalismus, zur Förderung des Mittelstands und der Landwirtschaft und zum Protektionismus.

Die AfD als erfolgreiche faschistische Partei versteht es, neoliberale Programmatik und Politik in den Parlamenten mit »sozialpatriotischer« Propaganda zu verbinden. Faschismus und Neoliberalismus sind jedoch schon insofern kein Widerspruch, als der Neoliberalismus immer autoritär orientiert war, einen starken repressiven Staat forderte, und der Faschismus ein starkes nationales Kapital wünscht, um seine Machtansprüche zu stützen.

Im Grundsatzprogramm 2016 plädierte die AfD

> »für eine Ordnungsethik auf der Grundlage der Sozialen Marktwirtschaft, wie sie von Walter Eucken, Alfred Müller-Armack und Wilhelm Röpke entwickelt und von Ludwig Ehrhard umgesetzt wurde. Zentrale Prinzipien sind Eigentum, Eigenverantwortlichkeit und freie Preisbildung. Der Schutz des Privateigentums ist dabei genauso unentbehrlich wie offene Märkte, Vertragsfreiheit und ein freier Wettbewerb mit entsprechender Wettbewerbspolitik und Monopolkontrolle.«

Ähnlich wie Die Republikaner und der Bund Freier Bürger (BfB) zuvor rügt die AfD den Sozialstaat, findet die Lohnnebenkosten zu hoch und will weder Vermögens- noch Erbschaftssteuer. Das spricht für eine neoliberale Haltung. Auch stützen sich Teile der AfD auf Friedrich von Hayek (1899-1992), einen der großen Vordenker des Neoliberalismus. Andererseits wandten sich alle drei Parteien gegen die Einführung des Euro. Der unmittelbare Anlass für die Gründung der AfD waren die Euro-Rettungsschirme, und die Rückkehr zur DM ist eine zentrale Forderung. Damit vertreten diese rechten Parteien in einer zentralen Frage eine Position, die sich fundamental gegen die Interessen der dominanten deutschen Kapitalfraktionen richtet. Dabei profitiert das deutsche Kapital als stärkste Ökonomie von einem europäischen Binnenmarkt mit einheitlicher Währung, denn damit fehlt anderen Staaten die Möglichkeit, durch eine Abwertung ihrer jeweiligen Währung deutsche Exporte zu verteuern.

An diesem Punkt stellt die AfD in ihrer Propaganda nationalistische Ideologie über das Profitinteresse. Ob sie als Regierungspartei damit ernst machen würde, darf bezweifelt werden. Als Opposition kann die AfD mit ihrer Anti-Euro-Agitation bei jenen punkten, die keine Ahnung haben, die in Nostalgie schwelgen, ihr Selbstwertgefühl an deutscher Wirtschaftsmacht aufrichten und an der Hoffnung, an der Beute des deutschen Kapitals teilzuhaben. Insgesamt lässt sich in der extremen Rechten eine ideologische Spannweite von rechtslibertären bis volksgemeinschaftlichen Positionen finden.

Rechtslibertäre Strömungen sind innerhalb der extremen Rechten, die Staat und Volksgemeinschaft hochhält, neu. Diese Entwicklung spiegelt die Schwäche der Linken. Es ist nicht mehr notwendig, Leuten die Vorzüge eines nationalen Sozialismus vorzugaukeln, wenn es kaum jemanden gibt, der anstelle des Kapitalismus eine sozialistische Gesellschaft möchte.

Die rechtslibertäre Richtung scheint durch die Wahlsiege Javier Mileis in Argentinien und Donald Trumps in den USA gestärkt. Sie scheint dem unmittelbaren Interesse des digitalen Kapitals zu entsprechen, das staatliche Regulierungen ablehnt, während gleichzeitig sowohl in den USA als auch in der EU immer stärker über Regulierungen von sozialen Medien, künstlicher Intelligenz oder Kryptowährungen diskutiert wird.

Die libertäre Ideologie spricht Menschen an, die die Normen der Konkurrenz- und Leistungsgesellschaft verinnerlicht haben. In der Studie *Die distanzierte Mitte* (2023) über die Einstellung der deutschen Bevölkerung werden sie als »entsicherte Marktförmige« bezeichnet. Ihr Sozialdarwinismus zeigte sich während der Corona-Pandemie, als sie immer wieder für die Freiheit skandierten, die sich letztlich als die Freiheit erwies, sich auf Kosten anderer auszutoben.

Wie sich die Realpolitik indessen entwickelt, bleibt abzuwarten, Trumps Ankündigung von höheren Zöllen, Bestandteil einer protektionistischen Politik, widerspricht der libertären Ideologie. Würde der Staat mit der Kettensäge zerstört, wäre die Kapitalverwertung gefährdet. So mögen Unternehmer wie Peter Thiel von kleinen Stadtstaaten träumen, doch schon gegen Piraten am Horn von Afrika helfen nicht Liechtenstein, Monaco oder Singapur, sondern die USA und Britannien, die eine starke Flotte unterhalten.

Weil ökonomische Krisen und hohe Staatsverschuldung wenig Spielraum lassen, wenn die Reichen nicht hoch besteuert werden sollen, wird faschistische Realpolitik auf drastischen Sozialabbau und weitere Schwächung der Gewerkschaften hinauslaufen. Das ist bislang der Kurs von Xavier Milei in Argentinien. Es trifft die Armen, die Lohnabhängigen, die öffentliche Daseinsvorsorge, Bildung, Kultur und Wissenschaft, nicht aber den staatlichen Repressionsapparat. Polizei wird gebraucht, um Unbotmäßige niederzuknüppeln. Was Marktradikale und Völkische ohnehin verbindet, ist der Hass auf die Schwachen, der Wunsch, auf ihnen herumzutrampeln.

In der Opposition hingegen sind Beliebigkeit und das Nebeneinander unterschiedlicher Positionen Trumpf, weil sich damit unterschiedliche Zielgruppen ansprechen lassen. Bezeichnend für diese Unverbindlichkeit ist das Projekt Recherche Dresden unter Federführung von Felix Menzel, das sich »Denkfabrik für Wirtschaftskultur« nennt. In den Heften von Recherche D werden ständestaatliche Modelle ebenso präsentiert wie ein Free-Banking-System, wonach jede Bank eigenes Geld drucken kann. Es findet sich das Lob des deutschen Mittelstandes und die Forderung, Wirtschaft habe dem Ganzen zu dienen. Die Autoren nehmen Bezug auf Fichte und List, den Ständestaats-Theoretiker Othmar Spann (1878-1950) und Carl Schmitt (1888-1985), der den Führerstaat rechtfertigte.

Kennzeichnend ist das Ideologische, das Nebulöse, der weitgehende Verzicht auf konkrete Vorschläge, etwa in einem Beitrag mit dem Titel »Agenda 2030. 75 Bausteine für eine alternative

Wirtschaftsordnung« (Heft 22, 2024). Stattdessen finden sich Angriffe auf eine ominöse Neue Linke, die angeblich die Medien kontrolliert. Die Autoren werben für eine »nachbarschaftliche Marktwirtschaft« und lehnen folgende »Spielarten des Kapitalismus« ab: »Monopolismus, Vitamin-B-Kapitalismus (crony capitalism), woker Kapitalismus«. Unter dem Schlagwort »lokal statt global« sollen Familienunternehmen und Selbstständige gestärkt werden. Wie das geschehen soll, bleibt indes offen. Zur Umweltzerstörung verbreiten die Autoren, Klimaneutralität bedeute Deindustrialisierung, ein umweltfreundlicher Umbau der Industrie erscheint demnach unvorstellbar. Stattdessen wird wolkig »Ressourcenschonung« durch technologischen Fortschritt und »freiwillige Konsumzurückhaltung« gepriesen. Fest steht, dass die Autoren den Sozialstaat demontieren und aufrüsten wollen.

Viel Platz nimmt in der Agitation das große Feindbild ein, die Globalisierung und die »Globalisten«. Von Anfang an sah die »Denkfabrik« ihre Mission darin, eine deutsche Wirtschaftskultur vor dem »Globalismus« zu bewahren. Damit ist der Punkt benannt, auf den sich die extremen Rechten einigen können: Ein starker Nationalstaat als Schutzmacht gegen die Globalisierung. Die Globalisierung ist die bevorzugte Zielscheibe. Der unscharfe Begriff markiert die Bedrohung der Nation und des Volkes durch das Ausland und ist eine ideale Chiffre für Verschwörungsideologien und die Wahnvorstellung einer jüdischen Weltherrschaft. Dabei ist die Agitation der Rechten auf den ersten Blick kaum von linken Globalisierungskritiker*innen zu unterscheiden. Neonazis mobilisierten 2008 gegen den G-7-Gipfel in Heiligendamm, beteiligten sich an Demonstrationen gegen TTIP und organisieren ihre nationalen 1.Mai-Demos. Dankbar nehmen Neonazis die »Heuschrecken«-Agitation auf, die SPD und Gewerkschaften losgetreten haben.

Die Kameradschaft Gera schrieb in ihrem Aufruf zum 1. Mai 2000:

> »Wirtschaft ist nicht mehr die Sicherung von Arbeitsplätzen und die Wahrung des Wohlstandes für alle Bürger. Sie verkommt zur

> ungenierten Geldvermehrung immer weniger Superreicher. Durch unkontrollierte multinationale Konzerne werden Millionen von Arbeitsplätzen vernichtet. Riesige Geldbeträge werden Tag für Tag um die Welt geschoben für Luftgeschäfte, die keinen Bezug zur realen Arbeitswelt haben.«

Der AfD-Politiker Björn Höcke (2018) spricht von einem »antinationalen Netzwerk aus privaten Stiftungen, NGOs und supranationalen Institutionen wie der EU«, das die Globalisierung vorantreibe, um die Menschen zu beherrschen. Er lobte Donald Trump als Verbündeten gegen die Globalisierung, gegen die »internationalen Finanzhaie, die dem modernen Kasinokapitalismus verfallen sind«.

4. Der Dritte Weg

Die Vorstellung, Kapitalismus und Marktwirtschaft seien verschiedene Wirtschaftsweisen, findet sich rechts und links. Ihre Vertreter*innen kritisieren am Kapitalismus die Finanzsphäre, Monopole oder den Zins. Sie behaupten, in einer richtigen Marktwirtschaft würde es gerecht und fair zugehen, Leistung belohnt werden und alle würden ihr Auskommen finden. Dabei zeichnet sich Marktwirtschaft dadurch aus, dass Güter und Dienstleistungen als Waren produziert werden, die sich auf dem Markt gegen die Konkurrenz durchsetzen müssen. Es gilt das Prinzip des Wachsens oder Weichens. Es ist unvermeidlich, dass einige Betriebe expandieren und viele andere verschwinden. Aber Marktwirtschaft klingt nach Wochen- oder Bauernmarkt, wo freundliche Marktfrauen frisches Obst und Gemüse anbieten, eine harmonische Welt kerniger Bauern und Handwerker, eine Idylle, die so nie existiert hat.

Für solche Ideen prägten Lebensreformer den Begriff des »Dritten Weges«. Der prominente Künstler Fidus (1871-1948) visualisierte die Idee in einer weit verbreiteten Grafik. Er stellte den Kommunismus als Wolkenkuckucksheim, Kapitalismus als Abgrund und die Bewahrung einer agrarisch-handwerklichen Gesellschaft, symbolisiert in der Silhouette einer Kleinstadt samt Kirche, als Ideal dar.

Diese Lebensreformbewegung war ein olivgrünbrauner Vorläufer der Umweltbewegung, sie reagierte auf Industrialisierung, Urbanisierung und die Veränderung der Kulturlandschaft. Sie war überwiegend konservativ-reaktionär bis völkisch-rassistisch. Die gesellschaftlichen Veränderungen wurden als Zivilisationskrankheit gedeutet, als Verfall der Kultur, eine »Degeneration« der weißen Rasse. Die Bewegung erhob den Anspruch, alle Lebensbereiche grundlegend zu verändern, Ökonomie und Landwirtschaft, Gesundheit und Ernährung, Kleidung und Freizeit, Pädagogik, Kunst und Kultur. Unter dem Motto ›Zurück zur Natur‹ sollten die Menschen ihr Leben umgestalten. Aus diesem Milieu entstanden Siedlungsprojekte und Gartenstadt, Reformhäuser und Vollwertkost, der Wandervogel und die FKK-Bewegung, die Anthroposophie und die sogenannte Freiwirtschaftslehre.

Ihr Begründer Silvio Gesell (1862-1930) glaubte, Geld sei wertstabil und deshalb würde Bargeld gehortet, sobald Geldbesitzer nicht Zinsen in einer bestimmten Höhe kassieren. Seine Anhänger unterscheiden Kapitalismus, der durch Zins definiert ist, von einer Marktwirtschaft ohne Zins. »Kapital ist also zinstragendes Eigentum, Kapitalist ist derjenige, der über solches Eigentum verfügt, und Kapitalismus ein Wirtschaftssystem, in dem die Zinserfüllung Voraussetzung aller wirtschaftlichen Vorgänge ist«, schrieb Helmut Creutz (1923-2017), jahrzehntelang der wichtigste Theoretiker der Freiwirtschaft in der Bundesrepublik. Hingegen sei Marktwirtschaft »eine Wirtschaftsordnung, bei der alle wirtschaftlichen Vorgänge, also Produktionen, Preise und Austauschbedingungen, alleine von Angebot und Nachfrage bestimmt werden, während Kapitalismus (...) ein monopolartiges Herrschaftsinstrument ist«. Monopolartig deshalb, weil Geldbesitzer einen »Geldstreik« veranstalten können. Eine »unverfälschte Marktwirtschaft« stelle im Unterschied zum Kapitalismus »das gerechteste und effektivste System der Güterversorgung und -verteilung dar, das auf Gegenseitigkeit und Gleichberechtigung aufbaut«.

Freiwirt*innen erscheint der Zins als ein Tribut, das Resultat von Erpressung. Tatsächlich ist Zins der Preis für Geld, das Leute ausleihen, wenn sie sich ein Haus oder ein Auto auf Pump kaufen wollen. Soll das Geld als Kapital eingesetzt werden, dient es der Produktion von Mehrwert. Folgerichtig sah Marx den Zins als Teil des Mehrwerts bzw. Profits, jene Geldsumme, die der industrielle Kapitalist an den Geldkapitalisten zahlen muss, um dessen Kapital einsetzen zu dürfen. Er nannte das zinstragende Kapital die »fetischartigste Form« von Kapital, weil der Zusammenhang von Zins und Produktion unsichtbar werde. Viele glauben deshalb, das zinstragende Kapital habe nichts mit der Produktion zu tun, sondern erpresse vom industriellen Kapital einen Tribut. Der industrielle Kapitalist wiederum erscheine als Arbeiter, der bloß für seine Unternehmertätigkeit entlohnt werde, schrieb Marx.

Freiwirt*innen wollen hierarchische und ausbeuterische Strukturen nicht überwinden. Ihre einzige Forderung lautet, Schwundgeld oder »rostende Banknoten« einzuführen. Gemeint ist Bargeld, das regelmäßig an Wert verliert, in neueren Versionen werden auch Guthaben auf Girokonten genannt. Dann würde Geld nicht mehr gehortet, sondern alle würden es möglichst schnell ausgeben, um den Wertverlust zu vermeiden. Die Theorie ist insofern unsinnig, als Geld nur selten wertbeständig ist. Im Regelfall gibt es Inflation und Bargeld verliert in einer Welt des Online-Banking und Internethandels selbst für Endverbraucher*innen an Bedeutung. Obendrein müssten gigantische Mengen Bargeld gehortet werden, um die Wirtschaft zum Absturz zu bringen.

Dennoch gab es Versuche, diese Lehre praktisch umzusetzen, zuletzt mit sogenannten Regionalwährungen. Abgesehen vom »Chiemgauer«, der in einem der reichsten Gebiete der Bundesrepublik einen bescheidenen Umsatz von angeblich 7,6 Millionen Euro (2015) erzielt, wurden die meisten Versuche eingestellt. In Argentinien etablierten Freiwirt*innen während der Wirtschaftskrise um die Jahrtausendwende das sogenannte Credito-System, Tauschmärkte mit Parallelwährung, an dem zeitweise zehn Millionen Menschen beteiligt waren. Es brach zusammen aufgrund von Inflation und massenhafter Fälschung der Scheine. Trotzdem finden sich Gesells Ideen in der Globalisierungskritik, bei Occupy und in der Postwachstums-Debatte. Selbst der Marxist David Harvey schwärmt von Gesell und plädiert für Konten mit oxidierenden Guthaben.

Die Freiwirt*innen bezeichnen ihr Ideal auch als dritten Weg. Der Begriff diente jahrzehntelang als Titel der Zeitschrift der freiwirtschaftlichen Partei Freisoziale Union (FSU). Nach dem Zweiten Weltkrieg machten sich deutsche Neoliberale, die sogenannten Ordoliberalen, über den Begriff her, gaben ihn allerdings bald zugunsten der sozialen Marktwirtschaft wieder auf. Der Kapitalismus war durch Weltwirtschaftskrise, Faschismus und Krieg diskreditiert und brauchte ein neues Etikett.

Während des Kalten Krieges sprach die Sozialdemokratie vom Dritten Weg, um sich von Kapitalismus und Kommunismus abzugrenzen. Der Verfassungsschutz wiederum finanzierte von 1959 bis 1964 eine Zeitschrift mit dem Titel *Der dritte Weg. Zeitschrift für modernen Sozialismus*, um in der Linken Verwirrung zu stiften.

Im Prager Frühling 1968 wurde das Schlagwort von tschechischen Reformpolitiker*innen aufgegriffen, um sich vom autoritären Staatssozialismus abzugrenzen und/oder für eine sozialistische Marktwirtschaft zu werben. Ota Šik (1919-2004), der führende Ökonom des tschechischen Reformkommunismus, sprach später von einem »verschleiernden Manöver«. Der Wirtschaftsprofessor erklärte 1990: »Schon damals war ich davon überzeugt, dass die einzige Lösung für uns ein vollblütiger Markt kapitalistischer Art ist.« Vermittelt über freiwirtschaftliche und anthroposophische Gruppen, die sich auf Ota Šik bezogen, tauchte die Idee des Dritten Weges in der Ökologiebewegung und bei den Grünen in der Gründungsphase auf. Die Idee des small is beautiful sowie aktuelle Ansätze von Gemeinwohl-, Postwachstums- und solidarischer Ökonomie fallen ebenfalls in diese Kategorie, auch wenn der Begriff in der Regel nicht mehr fällt.

In den 1990er-Jahren wurde das Schlagwort wieder von Sozialdemokrat*innen verwendet. Nun ging es darum, die Abkehr von sozialdemokratischen Vorstellungen zu bemänteln, etwa bei Anthony Giddens (1998). Tony Blair nutzte den Begriff als Markennamen für New Labour, die neoliberal gewendete britische Arbeiterpartei.

Konzepte eines Dritten Weges, so sie nicht einfach ein anderes Etikett für Kapitalismus sind, zielen auf ein System jenseits von Kapitalismus und Kommunismus, eine sozialstaatliche Bändigung des Kapitalismus oder Mischformen aus beiden wie in den Konzepten einer sozialistischen Marktwirtschaft. Sicher lässt sich Kapitalismus unterschiedlich gestalten, mit mehr oder weniger staatlicher Intervention oder sozialstaatlichen Elementen, mit einer Vielzahl staatlicher Betriebe, Kooperativen, Genossenschaften oder selbstverwalteten Betrieben. Einen dritten Weg kann es aber nicht geben. Entweder werden Güter und Dienstleistungen für einen Markt, also für den geldvermittelten Austausch hergestellt, dann werden alle Betriebe und ihre Produktivität und damit alle Arbeitenden zueinander in Konkurrenz gesetzt. Es findet ein Wettlauf um die geringsten Kosten und das größte Wachstum statt. Oder aber es werden Gebrauchsgüter nach Bedarf hergestellt. Zur Feststellung des Bedarfs und der Planung der Produktion könnten digitale Technologien eingesetzt werden. In Chile wurde unter der sozialistischen Regierung Allende nach Möglichkeiten einer computergestützten und basisdemokratisch organisierten Planwirtschaft geforscht.

Eine wichtige Rolle spielte der Begriff des Dritten Wegs für die Neue Rechte bei der sprachlichen Modernisierung des Faschismus. Die sogenannten Nationalrevolutionäre der 1970er-Jahre sprachen von einem nationalen oder europäischen Sozialismus als »Alternative zum privatwirtschaftlichen Kapitalismus wie zur zentralen Planwirtschaft des Kommunismus«. Alain de Benoist (1982) erklärte, die Menschheit müsse sich »auf einem dritten Weg finden und wiedererkennen, der vom besitzenden Kapitalismus und vom kommunistischen Sozialismus gleich entfernt ist«. Henning Eichberg (1942-2017), einer der deutschen Vordenker, forderte, sich gleichermaßen vom »sowjetischen Panzerkommunismus« als auch vom »US-Dollarimperialismus« fernzuhalten. Seine Vorstellung eines nationalen Sozialismus gipfelte in der Formel: »Solidarität in der Leistung- und Volksgemeinschaft statt Eigennutz in der Besitzgesellschaft«. Eichberg bezog sich positiv auf die Strassers und den frühen Goebbels. Er nahm 1978 die völkische Globalisierungskritik vorweg, als er gegen die »One-World des liberalen Kapitals« agitierte.

Heute verwendet eine kleine Nazigruppe in Deutschland den Ausdruck als Parteiname. Auch in Frankreich gebärdet sich eine Strömung des sogenannten revolutionären Nationalismus als antikapitalistisch und antikommunistisch. Zeitweise existierte dort ebenfalls eine Gruppe, Troisième Voie, die den Begriff als Namen nutzte.

Zur Erklärung der Weltwirtschaftskrise von 2008 schrieb Björn Höcke an die Junge Freiheit in einem Leserbrief:

> »Die gegenwärtige Krise ist definitiv keine des herrschenden Wirtschaftssystems, also der Marktwirtschaft, sondern eine des korrespondierenden Geldsystems, des zinsbasierten Kapitalismus. Enorme Buchgeldschöpfungen, gigantische Kapitalakkumulationen und globale Konzentrationsprozesse führen zwangsläufig zu zyklischen Krisen einer hochgradig vernetzten, monokulturalisierten Weltwirtschaft.«

Er forderte, die Zeitung »sollte schleunigst in eine Diskussion über ›Dritte Wege‹ einsteigen.«

5. Kapitalismuskritik von links

Frühsozialisten und Anarchisten

Die ersten sozialistischen Kritiker traten zwischen 1820 und 1830 in Großbritannien, USA und Frankreich auf, überwiegend Männer. Eine Ausnahme war Flora Tristan (1803-1844), die für das Recht auf Arbeit und Bildung sowie die Rechte der Frauen eintrat, allerdings keine ökonomische Theorie oder Analyse hinterließ. Henri de Saint-Simon (1760-1825) ging es vor allem um den Abbau von Privilegien und eine Steigerung der Produktivität. Er wollte Erbrecht, Grundrente und Zins abschaffen, ein starker Staat sollte für eine leistungsgerechte Verteilung der Produktionsmittel sorgen. Charles Fourier (1772-1837) entwarf in seinem Werk über die *Neue Welt der Arbeit* (1829) eine Gesellschaft, in der alle Menschen in Gemeinschaften, sogenannten Phalanxen, leben und gemeinsam arbeiten sollten.

Allerdings lehnte Fourier eine Gütergemeinschaft ab. Die Synergieeffekte und die Steigerung der Produktivität durch gemeinsame Arbeit kämen allen zugute, aber der Ertrag sollte im Verhältnis zum Einsatz von Kapital, Arbeit und Talent verteilt werden. Dadurch wollte Fourier privaten Egoismus mit kollektivem Vorteil vereinen. Seine Kritik richtete sich nicht grundsätzlich gegen Kapitalismus. Er behauptete, Produzenten und Konsumenten würden von Händlern und Geschäftsleuten ausgeplündert: durch Warenhortung, Preistreiberei, Betrug, Erpressung und Bankrott, durch Spekulation, Wucher und Monopole. Bereits Fourier spaltete damit den Kapitalismus in zwei Sphären auf, die positive der Produktion und die anrüchige des Handels. Allenfalls kritisierte er, dass Konkurrenz zu Lohnsenkungen führe und sah darin einen Widerspruch zwischen Gesamt- und individuellem Interesse.

Robert Owen (1771-1858) wollte die Gesellschaft durch Siedlungsgenossenschaften umgestalten, die sich in erster Linie der Landwirtschaft widmen sollten. Owen besaß um 1800 die damals weltgrößte Baumwollspinnerei in New Lanark in Schottland. Dort experimentierte er mit Sozialreformen. Er verkürzte die Arbeitszeit auf 10,5 Stunden, gegenüber den damals üblichen 13 bis 14 Stunden, richtete eine Krankenversicherung und eine Altersrente ein, ließ Wohnungen mit günstigeren Mieten bauen und verkaufte den Arbeiter*innen Güter des täglichen Bedarfs zu niedrigen, aber rentablen Preisen. Owen verbot die Arbeit von Kindern unter zehn Jahren, und errichtete eine Schule, die Kinder ab zwei Jahren aufnahm. 1825 verkaufte er seine Anteile an der Firma und reiste in die USA, wo er in New Harmony (Indiana) ein genossenschaftliches Siedlungsprojekt initiierte, das scheiterte.

Owen analysierte ähnlich wie Malthus geringe Kaufkraft als Ursache von Krisen. Er schlug vor, den Arbeiter*innen den sogenannten vollen Arbeitsertrag auszuzahlen. Wertmaßstab sollte die zur Herstellung eines Produkts nötige Arbeitszeit sein, Arbeitsbörsen sollten den Austausch regeln, mit eigenem Arbeitsgeld (Labour Notes). 1832 gründete Owen die erste Arbeitsbörse in London, es folgten weitere in Liverpool und Birmingham, die aber alle Pleite gingen.

Der bekannteste und einflussreichste Autor aus diesem Spektrum ist Pierre-Joseph Proudhon, der als Klassiker des Anarchismus gilt. 1840 publizierte Proudhon die Schrift *Was ist das Eigentum?* mit den aufrührerischen Sätzen: »Eigentum ist Diebstahl! Gott ist das Übel! Die beste Regierung ist die Anarchie.« Die Parolen machten ihn auf einen Schlag in ganz Europa berühmt, Marx war begeistert und Proudhon genießt seitdem einen Ruf als Umstürzler, den er kultivierte, obwohl er jene berühmten Sätze später als »fürchterliche Formeln« bedauerte.

Bis heute gerne zitiert, täuscht der Spruch, wonach Eigentum Diebstahl sei, darüber hinweg, dass Proudhon Kommunismus und Sozialismus ablehnte und Eigentum an Produktionsmitteln durchaus verteidigte. Es sollte bloß nicht missbraucht werden und die Arbeiter einen gerechten Anteil bekommen. Proudhon bejahte Eigentum als Frucht eigener Arbeit und verwarf Eigentum als Aneignung fremder Arbeitsleistung, als Diebstahl. Das wirkt auf den ersten Blick plausibel, allerdings behauptete

Proudhon, die Aneignung fremder Arbeit fände nicht in der Produktion, sondern erst in der Zirkulation statt. Diese Zirkulation aber beruhe auf Bargeld, und Geld sei »ein Werkzeug der Spekulation, eine Fessel für die Freiheit des Handels«. Er schlug deshalb vor, das herkömmliche Geld abzuschaffen. Stattdessen sollte eine Tauschbank den direkten Austausch aller Erzeugnisse zum Herstellungspreis vermitteln.

Der Zins würde auf null gesenkt und damit abgeschafft, »der Finanzwucher wäre unmöglich«. Proudhon glaubte, man müsse nur den Zins beseitigen, um die Wirtschaft anzukurbeln. Alle Arbeiter bekämen höhere Löhne und könnten zu selbstständigen Handwerkern und Kapitalisten aufsteigen, das Proletariat wäre abgeschafft. Fortan würden nur noch Produzenten ihre Waren untereinander zum Selbstkostenpreis tauschen.

Nicht jede verkürzte Kapitalismuskritik ist antisemitisch, aber alle Antisemiten vertreten verkürzte Positionen. Owen setzte sich für die Gleichberechtigung der Juden und Jüdinnen ein und verfasste 1830 eine Petition an das britische Unterhaus. Dagegen behauptete Proudhon, der Jude sei ein Betrüger und Schmarotzer: »Seine Wirtschaftspolitik ist ganz negativ, ganz wucherisch; das Prinzip des Bösen, Satan, Ahriman, verkörpert in der Rasse des Sem.« Sie seien eine Parasitenrasse, die die Welt beherrscht, in dem sie Banken und Börsen sowie die Presse kontrolliert, eitel, materialistisch und spitzfindig, unfähig einen eigenen Staat zu bilden. Die Juden würden Geld als Waffe benutzen und seien unfähig zu ehrlicher Arbeit, schreibt Proudhon. Man müsse begreifen, dass der Jude »vom Temperament her ein Anti-Produzent ist, kein Bauer, ja noch nicht einmal ein richtiger Kaufmann«. Er fordert, alle französischen Synagogen zu schließen. »Man muss diese Rasse nach Asien zurückschicken oder sie ausrotten.«

Bereits vor dem Ersten Weltkrieg stützte sich die französische nationalistische Rechte, die Vorläufer des Faschismus, auf Proudhons Verteidigung von Eigentum und Familie und seinen Antisemitismus. Sie gründeten 1911 den Cercle Proudhon, der mit der Action Francaise verbunden war, einer militanten nationalistischen, katholischen und antisemitischen Organisation, die 1898 entstand und im Zweiten Weltkrieg mit dem Vichy-Regime kollaborierte. Der Nationalsozialist Willibald Schulze lobte 1931 Proudhons Tauschbank und würdigte, dieser habe sich gegen Demokratie, Revolution und Frauenrechte, gegen Zins, Grundrente und Spekulation ausgesprochen. Proudhon vertrete einen »vernünftigen Anarchismus«, unterscheide zwischen Eigentum und Besitz und zeige, wie man die Schwachen durch Fürsorge entlaste, ohne den Einzelnen am Wirken »in Freiheit« zu hemmen. »Dies lehrt uns Proudhon, und insofern ist auch die Lehre Proudhons ein Wegweiser zum dritten Reich.«

Nach Owen und Proudhon sollten die Tauschbanken einen direkten Austausch von Produzent*innen gewährleisten, von Handwerker*innen, Bauern und Bäuerinnen, Unternehmer*innen oder selbstverwalteten Betrieben, Kooperativen und Genossenschaften. Sie alle würden weiter für einen Markt produzieren und miteinander konkurrieren. Marx erkannte, dass das unmöglich ist, denn auf dem Markt können Waren nicht zum Wert der konkreten Arbeit, die zu ihrer Herstellung notwendig waren, ausgetauscht werden, sondern zum Wert der im Durchschnitt dafür notwendigen Arbeit. Wer eine Möglichkeit findet, ein Auto, ein T-Shirt oder ein Computerspiel mit weniger Arbeit herzustellen, dessen Produkt ist weniger wert und er kann es entweder zum gleichen Preis wie vorher verkaufen und erzielt einen Extraprofit bei geringeren Arbeitskosten oder zu einem geringeren Preis, womit Konkurrent*innen unter Druck geraten. Denn abgesehen von ein paar Idealist*innen würde kaum jemand ständig höhere Preise für gleiche Produkte bezahlen, bloß weil zu deren Herstellung mehr Arbeit aufgewendet worden war. Nicht umsonst scheiterten alle Tauschbank-Experimente.

Deshalb verwarf Marx die Vorstellung, alle könnten dauerhaft in einer Marktwirtschaft als freie Produzent*innen, als Bauern, Bäuerinnen und Handwerker*innen, ihre Produkte fair und gerecht zum Arbeitswert tauschen, als reaktionäre Utopie. Solche Lehren entsprangen dem Wunsch, eine handwerklich-agrarische Geldwirtschaft vor der Industrialisierung zu bewahren, die hoch arbeitsteilige Produktion, permanente Innovation und steigende Arbeitsproduktivität bedeutete. Handwerker*innen können auf Dauer nicht mithalten. 1875 wiederholte Marx diese Position, als er das Gothaer Programm der deutschen Sozialdemokratie kritisiert. Darin heißt es, die Arbeitsmittel sollen Gemeingut werden, die Arbeit genossenschaftlich geregelt und der Arbeitsertrag gerecht verteilt werden. »Es herrscht offenbar dasselbe Prinzip, das den Warentausch regelt«, bemerkte Marx.

Auch Anarchisten wie Peter Kropotkin und Murray Bookchin haben Proudhons Idee später abgelehnt. Arbeitsscheine seien nichts anderes als ein Lohnsystem, damit würde eine Grundlage von Herrschaft aufrechterhalten. Scharf kritisierte Kropotkin, dass kompliziertere oder professionellere Arbeit besser bezahlt werden sollte als einfache Tätigkeiten. In diesem Kontext wandte sich Kropotkin allerdings gegen Marx. Er hielt dessen Werttheorie für reine Ideologie, eine Erfindung, um Ungerechtigkeiten wie unterschiedliche Löhne zu verteidigen. In Wahrheit resultierten höhere Einkommen aus staatlich garantierten Privilegien, in diesem Fall dem Zugang zu höherer Bildung etwa von Ingenieuren und Ärzten. Auch der Profit des Fabrikanten basiert nach Ansicht Kropotkins auf einem Eigentumstitel. Das ist richtig; indem Kropotkin jedoch bloß eine machtpolitische Erklärung lieferte, übersah er die spezifische ökonomische Struktur der Ausbeutung unter kapitalistischen Verhältnissen.

Gleichwohl hatten Anarchokommunisten wie Kropotkin, Errico Malatesta oder Rudolf Rocker mit Marx und Engels mehr gemein als mit Proudhon. Denn sie alle wollten das Privateigentum an Produktionsmitteln aufheben, das Lohnsystem zerschlagen, die Wirtschaft nach kollektiven und demokratischen Prinzipien neu organisieren und an der Herstellung von Gebrauchswerten ausrichten. Jeder Mensch sollte nach seinen Fähigkeiten arbeiten und ganz nach seinen Bedürfnissen konsumieren.

Die Marx'sche Kritik der Politischen Ökonomie

Bereits im *Kommunistischen Manifest* (1848) hatten Marx und Engels betont, Kapitalist sein bedeute, »nicht nur eine rein persönliche, sondern eine gesellschaftliche Stellung in der Produktion ein(zu)nehmen«. Das Kapital ist ein gemeinschaftliches Produkt, das nur durch die gemeinsame Tätigkeit aller Mitglieder der Gesellschaft in Bewegung gesetzt werden kann. Diese Auffassung beinhaltet eine scharfe Absage gegen jede Personalisierung und Moralisierung, Kapitalist*innen fungieren lediglich als Charaktermasken. Aufgrund dieser Strukturkritik schließt der Marx'sche Ansatz Antisemitismus aus und kann dazu beitragen, Antisemitismus zu bekämpfen, unabhängig von den Vorstellungen seiner Vertreter*innen. In Briefen und Artikeln von Marx und Engels finden sich durchaus antisemitische Vorurteile sowie nationalistische und rassistische Vorstellungen, die allerdings – und das ist der entscheidende Punkt - nicht konstitutiv für ihre Kritik der politischen Ökonomie sind.

Marx wurde nicht als Kommunist geboren. Zu Beginn seiner politischen Karriere, als Redakteur der Rheinischen Zeitung in Köln, war er ein bürgerlicher Demokrat, der im Unterschied zu den Liberalen für das allgemeine Wahlrecht kämpfte und sich gerade erst für ökonomische Fragen zu interessieren begann. Erst im Exil in London nahm Marx seine intensiven und systematischen Studien in Angriff. Er plante, eine große »Kritik der politischen Ökonomie« zu verfassen, in sechs Büchern, die sich mit Kapital, Grundeigentum, Lohnarbeit, Staat, Außenhandel und Weltmarkt auseinandersetzen würden.

Aus mehreren Gründen konnte Marx sein Werk nicht vollenden: Immer wieder engagierte er sich in politischen Tageskämpfen und er kränkelte jahrelang. Vor allem aber war er nicht zufrieden mit seinen Ausarbeitungen, machte immer wieder neue Anläufe, entwickelte seine Positionen weiter. Diesen Prozess kann man inzwischen im Detail nachvollziehen, weil erstmals alle ökonomischen Manuskripte und Notizen von Marx in der Marx-Engels-Gesamtausgabe veröffentlicht sind. Uns steht damit mehr Material zur Verfügung als je zuvor.

Fest steht, dass Marx selbst im Unterschied zu vielen Marxist*innen sein Werk nicht als historische Darstellung des Kapitalismus im 19. Jahrhundert verstanden hat. Er wollte vielmehr die kapitalistische Produktionsweise in ihrem »idealen Durchschnitt« darstellen, die drei Bände des *Kapital*, von denen Marx selbst nur den ersten Band fertiggestellt hat, die beiden anderen hat Engels aus dessen Manuskripten zusammengestellt, enthalten eine entsprechende systematische Struktur: Im ersten Band behandelt Marx grundlegende Kategorien wie Ware, Tauschwert, Gebrauchswert, Profit und Mehrwert und zwar überwiegend auf der Ebene des Einzelkapitals, des einzelnen Unternehmens. Im zweiten Band geht es um den Zirkulationsprozess des Kapitals, die Verflechtung mit anderen Kapitalen und dem Gesamtkapital. Der dritte Band handelt vom Gesamtprozess der kapitalistischen Produktion. Den größten Teil nehmen Überlegungen über das Kreditsystem, Banken, Börse, den Zins und Aktiengesellschaften ein. Was er über Spekulation und Blasen schreibt, klingt sehr aktuell.

Marx versuchte den Gesamtprozess zu erfassen, einen beständigen Kreislauf mit einer stetig größer werdenden Masse an Kapital: Geld wird zu Kapital und nimmt Warenform an, wenn Maschinen, Rohstoffe und Lohnarbeiter gekauft werden, um Waren zu produzieren. Werden diese auf dem Markt verkauft, liegt das Kapital wieder in Geldform vor. Zweck ist nicht die optimale Verteilung von Gütern oder die Befriedigung von Bedürfnissen, wie einem Anhänger*innen der Volkswirtschaftslehre weismachen wollen. Kapitalist*innen spekulieren vielmehr darauf, am Ende mehr Geld zu haben, einen Überschuss, einen Gewinn. Das ist keine Frage von Gier oder Skrupellosigkeit, sondern struktureller Zwang: Unternehmer*innen müssen maximalen Gewinn erwirtschaften, dürfen diesen aber nicht verjubeln, sondern müssen das Geld reinvestieren. Sie müssen ihre Unternehmen vergrößern, neue Maschinen anschaffen, neue Produktionsverfahren entwickeln, um mehr und billiger zu produzieren. Andernfalls kann ein Betrieb nicht lange bestehen, es droht der Ruin oder die Übernahme durch stärkere Konkurrenz. Bei Strafe des eigenen Untergangs kann sich kein Kapitalist diesem Mechanismus entziehen, sagt Marx.

Wie kommt der Gewinn zustande? Die Entwicklung der Menschheit seit der Steinzeit beruht darauf, dass Menschen mehr produzieren können, als sie zum Überleben verbrauchen. Bloß wurde der Überschuss, von Marx als Mehrprodukt bezeichnet, bald zum Zankapfel. Der Überschuss und die Fähigkeit des Menschen, einen solchen zu produzieren, stellten einerseits die Grundlage dafür dar, dass sich Zivilisation entfalten konnte, andererseits dafür, dass sich die Menschheit in Oben und Unten aufspaltete. Dabei sind die Formen höchst verschieden. Entsprechend wird zwischen Patriarchat, Sklavenhaltergesellschaft, Feudalismus und Kapitalismus unterschieden. Aber im Kern geht es immer darum, dass die einen sich die Arbeitskraft oder die Produkte der Arbeit der anderen aneignen.

Frauen schuften umsonst für Männer, Sklav*innen für ihre Herren. Im Mittelalter arbeiteten Bauern und Bäuerinnen auf ihren Feldern und mussten obendrein das Land eines Adeligen bestellen oder einen Teil der Ernte abgeben. Offensichtlich arbeiteten diese Menschen umsonst für ihre Herren. Im Prinzip findet der gleiche Vorgang auch unter kapitalistischen Bedingungen statt, allerdings verdeckt. Während aber in einer feudalen Ständegesellschaft alle aufgrund ihrer Geburt verschiedene Rechte und Pflichten haben und die Leibeigenen sich für ihre Herren plagen, stehen sich Menschen in der bürgerlichen Gesellschaft im Idealfall als freie und gleiche Rechtssubjekte gegenüber, ihre unterschiedlichen sozialen Verhältnisse werden ausgeblendet.[2]

---

2 Zumindest war das der Anspruch des Liberalismus, die Realität sah anders aus. Die reichen Bürger verweigerten der Masse der Arbeiter und Bauern in Europa und Nordamerika das Wahlrecht, Frauen darüber hinaus die Grund- und Menschenrechte. Sklav*innen waren das Eigentum ihrer Herren, die Bewohner*innen Afrikas, Amerikas und Asiens wurden als wild, barbarisch und unzivilisiert abqualifiziert. Allerdings führte der universalistische Anspruch der Menschenrechte

So müssen Lohnabhängige einen Arbeitsvertrag abschließen und bekommen Lohn. Scheinbar werden sie für die Zeit, in der sie in Fabrik oder Büro arbeiten, bezahlt. So ist es aber nicht, wendet Marx ein, denn der Arbeiter stellt Produkte her, deren Wert den Wert der Produkte übersteigt, die zu seiner Reproduktion notwendig sind. Er erhält als Lohn nur einen Teil des Wertes der Produkte zurück, die er herstellt, und zwar ungefähr jenen Teil, der seinen Reproduktionskosten entspricht. Marx spricht vom Wert der Ware Arbeitskraft, der geringer sei als der Wert der Arbeit, die der Arbeiter abliefert. Die Differenz bezeichnete Marx als Mehrwert, den das Kapital sich aneignet. In seiner Analyse findet Ausbeutung also prinzipiell immer statt, wenn Lohnarbeit geleistet wird, nicht bloß, wenn Hungerlöhne bezahlt werden oder Menschen meinen, sie würden zu wenig bekommen.

Allerdings ist offensichtlich, dass viele Lohnabhängige mehr verdienen, als sie zum unmittelbaren Überleben brauchen. Das war schon zu Marx' Zeiten bei manchen so und ihm wohl bewusst, weshalb er von einem historisch und kulturell bedingten Zuschlag zum Lohn sprach. Wir müssen uns aber stets vor Augen halten, dass er das Kapitalverhältnis in seiner idealen Form analysieren wollte.

Die Realität weicht von diesem Modell ab. Für die Zufriedenheit oder den Unmut, für gewerkschaftliches und politisches Engagement ist ausschlaggebend, ob und wie Menschen von ihren Löhnen leben können, ob sie genügend zu essen und ein Dach über dem Kopf haben und ob sie sich die Annehmlichkeiten leisten können, die in der jeweiligen Gesellschaft einen guten Lebensstandard ausmachen.

Hinzu kommt ein weiterer Umstand: Die Vertrags- und die Lohnform verdecken die Ausbeutung, die Aneignung unbezahlter Arbeit, und führen zu falschen Vorstellungen über den Kapitalismus. Marx spricht von Mystifikationen, weil es nicht

---

dazu, dass unterdrückte Gruppen diese für sich einforderten, wie das Beispiel aufständischer Sklav*innen in Haiti, der Arbeiter-, Frauen- und Bürgerrechtsbewegungen sowie der antikolonialen Bewegungen zeigte, und teilweise durchsetzen konnten.

um Manipulation geht, sondern um ein notwendig falsches Bewusstsein, das aus den Verhältnissen hervorgeht. Wer einen Vertrag abschließt und Lohn erhält, glaubt irrtümlich, seine gesamte Arbeitszeit würde bezahlt. Gestritten wird lediglich über die Höhe des Lohns, das Lohnsystem selbst wird nicht infrage gestellt.

Für Marx ist die entscheidende Größe in seiner Analyse der Mehrwert. Gemeint ist die Differenz zwischen dem Wert der hergestellten Güter und Dienstleistungen und dem Lohn. Der Mehrwert, der nur durch menschliche Arbeit entsteht, ist der Zweck kapitalistischer Ökonomie, dieser wird akkumuliert und im Wesentlichen nicht konsumiert. Der Profit wiederum ist die Größe, auf die der Unternehmer spekuliert, die Differenz zwischen der Summe aus Löhnen und Ausgaben für Maschinen, Rohstoffe usw. und dem Verkaufserlös der hergestellten Produkte.

Kapitalismus im Sinne von Marx meint eine Gesellschaft, die nach den Maßgaben der Kapitalverwertung strukturiert ist. Dazu gehören Produktion, Handel und Finanzen, alle drei Komponenten sind unverzichtbar. Erst Finanzmärkte erlauben Unternehmen, über ihr Eigenkapital hinaus zu produzieren. Sie ermöglichen eine enorme Flexibilität und tragen zur Entwicklung von Technik und Produktion bei, während die moderne Technik, die Maschinen und Verfahren, bald so teuer waren, dass Investitionen das Kapital einzelner Unternehmer überstiegen. Gäbe es keine Banken, die Kredite verleihen, keinen Zins, keine Aktien und Börsen, müssten Unternehmer mit dem Geld auskommen, das sie in der Tasche oder auf dem Konto haben. Dann würde die Wirtschaft ständig lahmgelegt, weil die Kapitalist*innen warten müssten, bis ihre Waren verkauft sind, um ausreichend Geld für die Fortführung des Betriebs oder gar für Investitionen erwirtschaftet zu haben.

Im Unterschied zu den Klassikern der politischen Ökonomie wies Marx dem Geld eine zentrale Rolle zu, weil es den Tauschvorgang vermittelt. Es fungiert, sagt Marx, als allgemeines Äquivalent. Geld ist der Maßstab, der Wert jeder Ware wird in Geld ausgedrückt. Und Geld dient als Wertaufbewahrungsmittel. Weil der Austausch von Waren durch Geld vermittelt ist, kann er unterbrochen werden, wenn Geld nicht ausgegeben wird, daraus können regelrechte Krisen entstehen.

Zwischen industriellem Kapital, der Produktion von Gütern und Dienstleistungen, Geldkapital, Banken und Börse, und Handelskapital existiert eine Arbeitsteilung, wenngleich das gesamte System auf Kredit beruht, stellte Marx fest. Mit dem Wachstum des stofflichen Reichtums wachse die Klasse der Geldkapitalisten, der Rentiers und Börsianer, es entstünden große Geldmärkte. Für diese Leute hatte er wenig schmeichelhafte Bezeichnungen parat: Er nannte sie »Brut von Spielern« und »Gelichter«. Aber er hielt sie nicht für überflüssige Parasiten, sondern betonte, dass sie eine wichtige Aufgabe erfüllten. Dabei müssen diese Geldkapitalisten wie alle anderen einen maximalen Profit akkumulieren, sonst gehen sie unter. Im Lauf der Zeit entwickeln sie das Kreditwesen immer weiter, aber stets bleibt die »wirkliche Akkumulation« die Basis, betont Marx. Gemeint ist die industrielle Sphäre.

Entgegen manchem Vorurteil beschäftigte sich Marx bereits intensiv damit, dass Kapital in Aktien und Wertpapieren an der Börse angelegt wird, wenn das mehr Profit verspricht. Am liebsten würden alle Kapitalisten ohne Umweg über Produktion und Verkauf von Waren Profit machen, stellte er fest. Aber das funktioniere nicht. So abhängig die Produktion vom Kredit ist, so bleibt die Finanzsphäre auf die produktive Sphäre angewiesen. Die Ansprüche aus Aktien oder Wertpapieren basieren letztlich immer auf Werten aus dem produktiven Sektor. Marx bezeichnet Wertpapiere und Aktien als fiktives Kapital, weil ihr Wert, der Börsenwert, nichts mehr mit der ursprünglichen Geldsumme zu tun hat. Diese ist längst als produktives Kapital oder im Fall von Staatsanleihen vom Staat verausgabt worden. Es bleibt ein Rechtstitel auf den Ertrag künftiger Produktion. Bei Börsenschwankungen geht es also um Kurswerte, die steigen oder fallen. Wenn eine Seifenblase zerplatzt, sei die Nation um keinen Heller ärmer, solange nicht die Produktion stillstehe, etwa mangels

Geld, weil die Banken sich untereinander nicht mehr trauen wie in der Krise 2008.

Einerseits sorgt das Finanzwesen also für einen reibungsloseren Ablauf, andererseits stellt es selbst einen Krisenfaktor dar, wie man an den Zusammenbrüchen sehen konnte. Das Kreditwesen beschleunigt die Entwicklung der Produktivkräfte und die Herstellung eines Weltmarktes, es beschleunigt aber auch die Ausbrüche der Widersprüche, die Krisen und damit die Elemente der Auflösung.

Dabei sind Krisen normal, das zeigt sich am Konjunkturzyklus mit seinen Auf- und Abschwüngen. Wenn dabei Unternehmen Pleite gehen, wird überschüssiges Kapital vernichtet, als Voraussetzung eines neuen Aufschwungs. Jenseits konjunktureller Auf- und Abwärtsbewegungen verbergen sich hinter den aktuellen Phänomenen langfristige Tendenzen der Überakkumulation und Überproduktion, die Schwierigkeit, ausreichend profitable Anlagefelder zu erschließen, und nicht ein angeblich völlig neuartiges und aus dem Ruder gelaufenes Finanzsystem. So diente die Privatisierung von öffentlichen Unternehmen (Bahn, Wasserwerke, Industriebetriebe, kommunale Wohnungsgesellschaften) und Dienstleistungen (Gesundheit, Telekommunikation, Renten) ebenso der Erschließung neuer Geschäftsfelder wie neue Produkte (Handy, Computer, Notebook, Smartphone, Streaming-Dienste) oder die Verwertung von Menschen, Tieren und Pflanzen durch Reproduktions- und Gentechnik.

Zusammenbruchstheorie

Die sozialistischen Parteien der II. Internationale, die 1889 gegründet worden war, verstanden sich als marxistisch. Die Intellektuellen dieser Parteien formulierten eine geschlossene Weltanschauung, den Marxismus, den sie als streng wissenschaftlich ausgaben. Eine wesentliche Rolle spielte dabei Karl Kautsky (1854-1938), Chefideologe der SPD und der II. Internationale. Ein zentrales Dogma lautete, die sozialistische Gesellschaft entstünde als Ergebnis unvermeidlicher historischer Gesetze, aus dem Zusammenbruch des Kapitalismus, quasi wie von selbst.

Deshalb erklärte Kautsky, die SPD sei »eine revolutionäre, aber keine Revolutionen machende Partei«.

Berücksichtigt man die elenden Lebensverhältnisse und Arbeitsverhältnisse sowie die politische Rechtlosigkeit und Ausgrenzung, ist nachvollziehbar, dass Mitglieder, Funktionäre und Abgeordnete sozialistischer Parteien und Gewerkschaften sich auf die unmittelbaren Interessen bezogen. Es ging ums tägliche Brot und Anerkennung. Ihr Engagement konzentrierte sich auf das Offensichtliche, das Missverhältnis in der Verteilung des Reichtums und die Eigentumsverhältnisse, die diese ermöglichten. Der Klassenkampf wurde um den »gerechten« Preis für Arbeit geführt, wie Ferdinand Lasalle (1825-1864), einer der Gründer der deutschen Arbeiterbewegung, formulierte, nicht um die Aufhebung der Lohnarbeit selbst. Diesem Trend entgingen selbst anarchosyndikalistische Gewerkschaften nicht, so sie eine Massenbasis hatten. Die Arbeiter*innenbewegung saß der falschen Vorstellung auf, alle Arbeit sei bezahlt, nur eben schlecht. Sie verpasste damit den Clou der Marx'schen Kritik und sitzt bis heute jenen Mystifikationen auf, die er beschrieben hatte. Das zeigt sich an jedem Tarifkonflikt, der unter der Parole »gutes Geld für gute Arbeit« geführt wird.

Nachdem die Industrialisierung ihre Anfangsphase durchlaufen hatte, sorgte die enorme Produktivität für ein rasantes Wachstum in der Güterproduktion. In den folgenden Jahrzehnten verbesserten sich die Arbeits- und Lebensbedingungen von immer größeren Teilen der Arbeiter*innenklasse langsam, aber spürbar. Der Sozialdemokrat Eduard Bernstein (1840-1932) begriff diese Entwicklung, im Gegensatz zu jenen Radikalen, die eine absolute Verelendung prophezeiten oder wie Lenin eine »Arbeiteraristokratie« moralisierend als bestochen anprangerten.

Die sozialistische Arbeiter*innenbewegung übernahm den Arbeits- und Leistungsfetischismus der bürgerlichen Gesellschaft. Der Stolz auf die eigene Arbeitsleistung, auf Fertigkeiten und Körperkräfte, hatte enorme Bedeutung für das Selbstbild insbesondere der männlichen Arbeiter, die die Bewegung prägten, anschlussfähig für Strömungen, die deutsche Sekundärtugenden und deutsche Arbeit als Nationaleigenschaften propagierten und damit nationalistisch und staatsfixiert waren. Lasalle wollte schon mit Otto von Bismarck (1815-1898), dem Eisernen Kanzler, kooperieren und hatte einen starken Staat gefordert. Der SPD-Vorsitzende August Bebel (1840-1913) erklärte, in einer sozialistischen Gesellschaft werde Arbeitspflicht für alle herrschen, es werde keine Nichtarbeiter und Faulenzer mehr geben. Die Warnungen der Anarchist*innen vor einem diktatorischen Staatssozialismus sollten sich als nur allzu berechtigt erweisen.

Die materielle Besserstellung führte zur Integration in die bürgerliche Nation mit allen Konsequenzen. Sozialdemokratie und Gewerkschaften unterstützten die Kolonialherrschaft, den Ersten Weltkrieg und verantworteten den Einsatz von Freikorps gegen die radikale Linke in der Novemberrevolution. Manche schreckten nicht einmal vor dem Versuch zurück, mit den Nationalsozialisten ins Geschäft zu kommen. So erklärte der ADGB-Bundesvorsitzende Theodor Leipart (1867-1947) am 14. Oktober 1932 in einer Rede in der ADGB-Bundesschule Bernau:

»Unsere Arbeit ist Dienst am Volke. Sie kennt den soldatischen Geist der Einordnung und der Hingabe für das Ganze (...) Wir sind zu sehr auf das Ganze gerichtet, um Parteifesseln zu tragen«. Der ADGB-Chef verwarf die Erkenntnis, dass die Gesellschaft in Klassen gespalten ist, in Oben und Unten, Reich und Arm, und näherte sich damit der Idee der Volksgemeinschaft an. Selbst als Gewerkschaftshäuser besetzt und Kolleg*innen angegriffen und gefoltert wurden, diente sich Leiphart am 21. März 1933 Hitler als Partner an: »Die sozialen Aufgaben der Gewerkschaften müssen erfüllt werden, gleichviel welcher Art das Staatsregime ist.«

Dennoch beriefen sich viele Sozialist*innen bis in die 1950er-Jahre auf Marx und Engels. Von deren Kapitalanalyse hatte sich die Bewegung allerdings längst abgesetzt, wobei die intellektuellen Pioniere betonten, lediglich neue Entwicklungen theoretisch aufzuarbeiten. Ein Meilenstein war die Lehre vom unvermeidlichen Zusammenbruch des Kapitalismus, die Bernstein aus

Bemerkungen von Marx ableitete. Der hatte allerdings bloß davon gesprochen, dass der Kapitalismus endlich sei wie alles auf Erden, und ein systemlogisches Ende ins Auge gefasst. Die Vorstellung eines automatischen Übergangs zum Sozialismus lehnten Marx, Engels und Rosa Luxemburg ab, ausgehend von der Überzeugung, dass Menschen die Geschichte machen und diese nicht wie ein Uhrwerk abläuft.

Bernstein wollte, dass die Sozialdemokratie sich von revolutionären Ansprüchen verabschiedete, sich an Regierungen beteiligte und Realpolitik betrieb. Er unterstellte die Zusammenbruchstheorie seinen parteiinternen Gegnern, um diese besser bekämpfen zu können. Bernstein selber argumentierte zu Recht, der Kapitalismus sei flexibel. Weder müsse es zu einem Zusammenbruch noch zu jener allgemeinen und absoluten Verelendung kommen, die Marx tatsächlich prophezeit hatte, womit er falsch lag.

Trotz ihrer dubiosen Entstehung übernahmen viele diese Lehre vom unvermeidlichen Zusammenbruch des Kapitalismus, weil sie politische und psychologische Vorzüge bot: Die radikale Linke konnte begründen, warum es falsch war, Kompromisse mit einem dem Untergang geweihten System zu schließen. Moderate und Reformist*innen deuteten die Geschichte vom Aufstieg und Zusammenbruch des Kapitalismus als Evolution, anknüpfend an die populäre Lehre von Charles Darwin. Auf Massenstreiks und Barrikadenkampf könne man getrost verzichten. Wer immer für sich in Anspruch nahm, die Gesetze der Geschichte zu kennen, durfte sich im Recht fühlen und sagen, wo es langgeht. Die Doktrin eignete sich hervorragend, um autoritäre Strukturen zu rechtfertigen. Zur Popularität trug bei, dass sich daraus enormes Selbstbewusstsein und Optimismus schöpfen ließ. Wie beschissen der Alltag sein mochte, im Betrieb, in engen und verschimmelten Wohnungen, wie erniedrigend die Ausgrenzung und die Standesdünkel der Mittel- und Oberschicht, wie brutal die Polizisten, die auf der Mai-Kundgebung prügelten, die Arbeiter*innen konnten die Geschichte auf ihrer Seite wähnen. Der Kapitalismus würde zusammenbrechen, das sozialistische Paradies war ihnen gewiss.

Abkehr von der Marx'schen Analyse – die Lehre vom (Staats-)Monopolkapitalismus

Lenin geißelte zwar den Reformismus der Sozialdemokratie. Seine Theorie des Imperialismus als letztes Stadium eines verfaulenden Kapitalismus besagte aber ebenfalls, das System würde an seinen eigenen inneren Widersprüchen zugrunde gehen. Der Monopolkapitalismus sei der letzte Versuch, einen Ausweg zu finden. Der Erste Weltkrieg, die Wirtschaftskrise der Nachkriegszeit und die Große Depression ab 1929 schienen solche Prognosen zu bestätigen und den nahen Zusammenbruch anzukündigen. Auch im Programm der syndikalistischen International Workers of the World (IWW), der militanten Arbeiter*innenorganisation in den USA, war 1933 von der »Todeskrise des Kapitalismus« die Rede. Dessen Autor, der Rätekommunist Paul Mattick (1904-1981), deutete die Weltwirtschaftskrise als Bestätigung einer Zusammenbruchstheorie, die er Marx zuschrieb. Allerdings betonten die Wobblies, wie die Anhänger*innen der IWW genannt wurden, wie alle Radikalen, die Emanzipation komme nicht von selbst, sondern müsse erkämpft werden. Nach dem Zweiten Weltkrieg kam der Begriff Spätkapitalismus in der Linken auf, der andeuten sollte, dass es nicht mehr lange dauern würde.

Zusammenbruchstheorien existieren bis heute in der Linken. Ende der 1980er-Jahre formulierte Robert Kurz (1943-2012), ein ehemaliger Maoist, eine neue Variante. Er bezog sich auf die mikroelektronische Revolution. Aufgrund der Digitalisierung werde der Kapitalismus menschliche Arbeit bald nicht mehr in relevantem Umfang brauchen. Die Produktion von Mehrwert durch Ausbeutung menschlicher Arbeitskraft käme an ihr Ende. Dieser Ansatz wird nach einer Spaltung der Gruppe heute von zwei kleinen Fraktionen vertreten, die sich um die Zeitschriften Krisis und Exit scharen.

Während Anhänger*innen dieser Theorie einem Rückfall in die Barbarei fürchten, sind die Postoperaisten Toni Negri (1933-2023) und Michael Hardt zuversichtlich. Sie glauben, dank Computerisierung und Rationalisierung würde sich selbstbestimmte Arbeit ausbreiten, die Herstellung von immateriellen Dienstleistungen, und die kapitalistischen Produktionsverhältnisse unterminiert. Dank Digitalisierung würden wir automatisch ins kommunistische Paradies gleiten. Das Missverständnis beruht darauf, dass Negri und Hardt Dienstleistungen nicht als Waren begreifen und ihre Herstellung als Quelle von Mehrwert. Obendrein funktioniert keine Software ohne Hardware. Die Rohstoffe für Notebooks, Smartphones, Breitbandkabel oder Roboter etwa kratzen Kinder in Sklavenarbeit im Kongo aus dem Boden. Sind Arbeitskräfte entsprechend billig, werden sie teuren Maschinen vorgezogen. Weil die Digitalisierung Millionen von Menschen für die Kapitalverwertung überflüssig macht, steht dem High-Tech-Betrieb die Billiglohnklitsche gegenüber. Ob dem Kapitalismus wirklich die Arbeit ausgeht, bleibt also dahingestellt.

Finanz- und Monopolkapitalismus: Das Ende der Mehrwertproduktion

Eine weitere Änderung war die Lehre vom Finanz- und Monopolkapitalismus, die auf den Mediziner und Ökonomen Rudolf Hilferding (1877-1941) aus Wien zurückgeht. Er hatte sich als Student in Wien der sozialistischen Partei angeschlossen. Gegen Ende des Ersten Weltkrieges wechselte Hilferding zur pazifistischen USPD. Nach deren Wiedervereinigung mit der SPD galt er als theoretischer Kopf der Partei und war in der Weimarer Republik zweimal Finanzminister. In dieser Zeit entwickelte Hilferding seine These vom organisierten Kapitalismus als friedlichem Übergang zum Sozialismus. In diesem Stadium sei die Konkurrenz bereits durch eine sozialistische Planung ersetzt.

Großen Einfluss hatte sein Hauptwerk *Das Finanzkapital* (1909). Darin verschob Hilferding den Fokus von der Ausbeutung in der Fabrik auf das Agieren der Banken, denen er überragenden Einfluss auf die Wirtschaft zuschrieb. Hilferding behauptete, der moderne Kapitalismus zeichne sich durch zwei

Wesenszüge aus, die Marx noch nicht gekannt habe: einen Konzentrationsprozess, der so weit fortgeschritten sei, dass die Konkurrenz durch Kartelle und Trusts aufgehoben wäre, und die Tatsache, dass Bank- und Industriekapital zu einem Finanzkapital verschmolzen seien, die »höchste und abstrakteste Form« des Kapitals. Dieses Finanzkapital bewege sich verselbstständigt vom industriellen und kommerziellen Kapital. Die Banken hätten jedes Interesse am Konkurrenzkampf verloren, weil dadurch Unternehmen ruiniert würden, denen sie Kredite gewährt hatten. Deshalb würden die Banken die Konkurrenz durch Absprachen aushebeln und Monopole und Kartelle etablieren.

Als Lenin wenige Jahre später seine berühmte Schrift *Der Imperialismus als höchstes Stadium des Kapitalismus* (1916/17) verfasste, stützte er sich auf Hilferding und erhob den Anspruch, ein Gesamtbild der Weltwirtschaft am Vorabend des Weltkrieges zu entwerfen. Den Begriff des Imperialismus übernahm er von dem britischen Ökonomen John A. Hobson (1858-1940), einem liberalen Pazifisten und Sozialreformer, der mit seinem Buch (1902) den Begriff populär gemacht hatte.

Die Banken hätten sich zu »allmächtigen Monopolinhabern« entwickelt, die über fast das gesamte Geldkapital und den größten Teil der Produktionsmittel und Rohstoffquellen verfügten, behauptete Lenin. Das in wenigen Händen konzentrierte Finanzkapital habe faktisch eine Monopolstellung inne, ziehe Profite aus Gründungen, Emissionen und Staatsanleihen »und legt der ganzen Gesellschaft einen Tribut zugunsten der Monopolisten auf«. Im Ergebnis bedeute das »Übergewicht des Finanzkapitals über alle übrigen Formen des Kapitals (...) die Vorherrschaft des Rentners und der Finanzoligarchie, (...) die Aussonderung weniger Staaten, die finanzielle ›Macht‹ besitzen.« Dieser Kapitalismus habe eine »Tendenz zur Stagnation und Fäulnis«, weil Monopolprofite den Antrieb zum technischen Fortschritt aufheben würden.

Zwar könne das Monopol nie restlos und dauerhaft die Konkurrenz ausschalten, diese entstünde allein schon durch technische Neuerungen immer wieder, aber eine Tendenz zur

Stagnation sei vorhanden. Insgesamt entstünde eine parasitäre »Schicht der Rentner«, »deren Beruf der Müßiggang ist«. Das politische Resultat sah nach Lenin so aus: »Die Welt ist in ein Häuflein Wucherstaaten und in eine ungeheure Mehrheit von Schuldnerstaaten gespalten.« Auch wenn Lenin gelegentlich ambivalent blieb, was das Verhältnis von Monopol und Konkurrenz betrifft, so war sein Fazit eindeutig:

> »Der Kapitalismus ist so weit entwickelt, daß die Warenproduktion, obwohl sie nach wie vor ›herrscht‹ und als Grundlage der gesamten Wirtschaft gilt, in Wirklichkeit bereits untergraben ist und die Hauptprofite den ›Genies‹ der Finanzmachenschaften zufallen.«

Lenin behauptete, die Warenproduktion sei so weit untergraben, dass Finanzmagnaten ihre Profite nicht mehr aus der Mehrwertproduktion ziehen, sondern aus allerlei »Machenschaften« und »Schwindeleien«.

Im Kern hatte Lenin damit die Marx'sche Analyse für überholt erklärt und eine verkürzte Kapitalismuskritik formuliert. Obendrein verherrlichte er die Organisations- und Arbeitsformen des Kapitals. Er pries den Taylorismus, die enorme Intensivierung der Arbeit durch Aufspaltung in kleinste Schritte und das Fließband, die Charlie Chaplin (1889-1977) in seinem Film Moderne Zeiten persiflierte. Die deutsche Reichspost und die Kriegswirtschaft bezeichnete Lenin als Vorbilder für eine sozialistische Ökonomie.

Die These vom Monopolkapitalismus stützte sich auf reale Ereignisse, auf Absprachen zwischen Bossen der Kohle- und Stahlindustrie oder der Eisenbahn, die die Konkurrenz aufheben und höhere Preise sichern sollten. Das war seinerzeit ein großes Thema und sorgte frühzeitig in den USA, etwa mit dem Sherman Antitrust Act von 1890, zu einer Gesetzgebung, mit der Monopole und Kartelle eingeschränkt werden sollten. Allerdings mögen einzelne Unternehmen bestimmte Branchen eine Zeitlang dominieren, sogar Monopole erreichen, so wie damals die Stahlbarone und heute Google oder Microsoft, aber dass wenige Firmen dauerhaft die gesamte Wirtschaft beherrschen oder gar, wie in der Theorie des Staatsmonopolkapitalismus, die Staaten und die ganze Welt, ist ein Mythos. Die AEG, die Lenin anführte, existiert längst nicht mehr. Der Konzern wurde 1985 geschluckt und ausgeschlachtet, nicht von einer amerikanischen Heuschrecke, sondern von der Daimler-Benz AG.

Die ökonomischen Verhältnisse bleiben unberechenbar und krisenhaft, Tausende von großen und kleinen Betrieben entstehen und vergehen. Innovationen gehen oft von kleinen Unternehmen aus, die zu Giganten aufsteigen können. Jeff Bezos begann in einer Garage mit ein paar Angestellten, heute wird Amazon gerne als gefährliche Wirtschaftssupermacht dargestellt, aber, ebenso wenig wie die Stahlbarone von einst, nicht in alle Ewigkeit bleiben wird. Und Banken mögen noch so große Summen an Unternehmen verleihen und sich in die Geschäftsführung einmischen: Rückzahlung und Rendite bleiben davon abhängig, dass Lohnarbeiter*innen Güter und Dienstleistungen herstellen und diese auf dem Markt mit Gewinn verkauft werden.

Dennoch prägte die Lehre vom (Staats-)Monopolkapitalismus die Linke im 20. Jahrhundert – mit fatalen politischen Folgen. Die Faschismus-Definition der Komintern, die Georgi Dimitroff (1882-1949) beim siebten Weltkongress im August 1935 vortrug, stützte sich auf die Lehren von Hilferding und Lenin. Demnach galt der »Faschismus an der Macht« als »die offene, terroristische Diktatur der reaktionärsten, chauvinistischsten, am meisten imperialistischen Elemente des Finanzkapitals«, als »die Macht des Finanzkapitals selbst«. Dass Faschismus zunächst eine Massenbewegung des Kleinbürgertums war, schließlich im Bündnis mit konservativen und liberalen Eliten, Großgrundbesitzern und Kapital an die Macht kam, blendeten Kommunist*innen einfach aus. Von der »terroristischen Abrechnung mit der Arbeiterklasse und dem revolutionären Teil der Bauernschaft und der Intelligenz«, die Dimitroff anführte, profitierten alle Kapitalfraktionen und nicht bloß Banken und große Konzerne.

Nach dem Zweiten Weltkrieg hielt die große Mehrheit der Linken an der Theorie vom (Staats-)Monopolkapitalismus fest.

In der Abschlusserklärung einer Konferenz in Moskau 1960, an der Vertreter*innen von 81 kommunistischen Parteien teilgenommen hatten, wurde der Staatsmonopolkapitalismus als letzter Rettungsanker der Monopolbourgeoisie im verfallenden kapitalistischen Systems beschrieben. Immer deutlicher zeige sich der Widerspruch zwischen »einer Handvoll Monopolkapitalisten und allen Sektionen des Volkes«. Die Arbeiterklasse, Bauern, Intellektuelle, kleine und mittlere Bourgeoisie seien daran interessiert, die Herrschaft der Monopole zu überwinden. Auf dieser programmatischen Grundlage entwickelten kommunistische Parteien die Strategie des antimonopolistischen Bündnisses mit dem Ziel einer antimonopolistischen Demokratie, darunter die verbotene KPD und später die DKP in Westdeutschland. Als Gegner wurden »Großkapital« und »Großbourgeoisie« benannt. Im letzten Programmentwurf der KPD von 1968 ist die Rede von »grundlegenden demokratischen, antimonopolistischen Reformen, die die Macht des Großkapitals einschränken sollen«. Diese würden nicht nur Arbeitern und Angestellten dienen, sondern auch Bauern, Einzelhändler, Gewerbetreibende, kleine und mittlere Unternehmen aus der Abhängigkeit vom Großkapital befreien. Im DKP-Programm 1978 war von einem »breiten antimonopolistischen Bündnis« die Rede, das Reformen gegen das »Großkapital« durchsetzen sollte.

Auch die Volksfrontstrategie in Chile basierte auf der Stamokap-Lehre und scheiterte. In der Bundesrepublik hingen ihr manche Sozialdemokrat*innen und ein gewichtiger Teil der Jusos an, zu den wichtigsten Vertretern zählte der spätere Bundeskanzler Olaf Scholz. Selbst dissidente Strömungen der Linken, wie die Frankfurter Schule, übernahmen diese Position. Im amerikanischen Exil diskutierten Vertreter der Kritischen Theorie, ob sich der Monopolkapitalismus unter dem faschistischen Regime zum Staatskapitalismus entwickelt hatte.

Die amerikanischen Marxisten Paul A. Baran und Paul M. Sweezy (1966) legten eine Arbeit vor, in der sie einen amerikanischen Monopolkapitalismus als modernste Form der Kapitalismus darstellten und behaupteten, mit dieser Theorie über Lenin hinauszugehen. Zwar gebe es nach wie vor Konkurrenz, aber nur wenige große Konzerne, sogenannte Oligopole, würden die Märkte beherrschen und, meist in stillschweigenden Absprachen, die Preise diktieren. Diese Monopolpreise stellten in ihren Augen die entscheidende Quelle des Mehrwerts dar. Diese Theorie ist heute Grundlage jenes Zweiges des ökologischen Marxismus, der in der Zeitschrift *Monthly Review*, die Sweezy 1948 gegründet hatte, seine Plattform hat.

Die Stamokap-Theorie ist jedoch falsch, weil der Staat zwar als Staat des Kapitals agiert, aber nicht als Marionette, sondern autonom, als ideeller Gesamtkapitalist, wie Friedrich Engels sagte, mit der Aufgabe, das System langfristig zu sichern, in dem die Grundlagen, das Rechts- und Vertragssystem, das private Eigentum an Produktionsmitteln, aber auch Infrastruktur oder die Bildung aufrechterhalten werden.

Was ideeller Gesamtkapitalist bedeuten kann, zeigte die Corona-Epidemie: die deutsche Regierung lockerte die Schuldenbremse und schnürte enorme Rettungspakete in vierstelliger Milliardenhöhe, um die ökonomische Substanz möglichst zu bewahren, damit Deutschland »gestärkt« aus der Krise hervorgehe. Dabei verteilte der Staat das Geld so, dass die Bourgeoisie am meisten profitierte, Kleinbürgertum, Mittelschicht und Arbeiter*innen jedoch einen eher bescheidenen Anteil abbekamen, um sie einzubinden. Vom Lockdown waren vor allem Gastronomie, Freizeit- und Kulturindustrie sowie zahlreiche Selbständige betroffen, nicht jedoch das produzierende Gewerbe, so durften bei Airbus weiter Flugzeuge gebaut werden, was im Hamburger Werk zu einem Corona-Hotspot führte.

In ihren primitiven Varianten oder als unreflektiertes Sediment findet sich die Stamokap-Theorie bis heute in Teilen der Linken, macht diese anfällig für Verschwörungsideologien und Antisemitismus und bietet die ideologische Begleitmusik für den Übergang nach rechts, wie man am Bündnis Sahra Wagenknecht (BSW) sehen kann. Die Namensgeberin hat diesen intellektuellen Verfall vorgemacht, von der Anhängerin der Lenin'schen

Theorie des Imperialismus und Monopolkapitalismus über die Globalisierungskritik bis zum Lob einer antimonopolistischen Marktwirtschaft. Bereits 1995 hatte Wagenknecht verkündet, »der eigentliche Gegensatz« in dieser Gesellschaft verlaufe zwischen »Banken und Großkonzernen« und dem »Rest der Gesellschaft« – also nicht zwischen Kapital und Lohnarbeit. Eine ganz andere Richtung schlug Rosa Luxemburg in ihrer Imperialismus-Analyse von 1913 ein. Ihr Ausgangspunkt war, dass der Kapitalismus die Produktion ständig erweitert. Die Waren könnten aber ebenso wenig allein von Bourgeoisie und Proletariat konsumiert werden, wie umgekehrt nicht alle Produkte aus dem kapitalistischen Sektor stammten. So gelangte Luxemburg zu der These, dass Kapitalismus, weil er auf Wachstum basiert, auf nichtkapitalistische Sektoren angewiesen ist. Naheliegend war, den Blick auf die Kolonialpolitik zu richten. Luxemburg erklärte, der Kapitalismus führe einen globalen Vernichtungskampf, um naturalwirtschaftliche Produktionsformen zu zerstören. Die Betroffenen würden so gezwungen, ihre Arbeitskraft zu verkaufen und Waren zu kaufen. Imperialismus definierte Luxemburg deshalb als »politischen Ausdruck des Prozesses der Kapitalakkumulation in ihrem Konkurrenzkampf um die Reste des noch nicht mit Beschlag belegten nichtkapitalistischen Weltmilieus«.

In den 1970er-Jahren versuchte eine Gruppe von Soziologinnen um Maria Mies diese Überlegung für eine Verbindung von Marxismus und Feminismus zu nutzen. Sie betrachteten die weibliche Arbeit im Haushalt als »letzte Kolonie«, also als letztes Relikt des nichtkapitalistischen Sektors. Allerdings gab die Gruppe diesen Ansatz bald auf und propagierte eine idealisierte Subsistenzökonomie als Ziel, eine lokale, handwerklich-agrarische Gesellschaft, eine zutiefst rückschrittliche Perspektive, weil sie mit ungeheurer Verarmung einhergehen würde.

Ein neuer Ansatz ist die Kritik der sogenannten imperialen Lebensweise von Markus Wissen und Ulrich Brand (2017) oder der Externalisierungsgesellschaft von Stephan Lessenich (2017). Sie argumentieren, der Wohlstand der westlichen Welt beruhe auf der Ausbeutung von Arbeitskräften und Rohstoffen in den

Ländern der Peripherie sowie der Naturzerstörung dort. Das ist unbestreitbar, ebenso wie die Feststellung, dass weite Teile der Arbeiter*innenklasse im Westen davon profitieren. Der Kapitalismus wird in diesen Analysen jedoch zu einer Raub- und Plünderungsökonomie. Tendenziell gerät aus dem Blick, dass die Masse der Güter und Dienstleistungen in dieser Welt immer noch direkt im Westen und in China hergestellt werden, während umgekehrt Australien und Russland zu den wichtigsten Rohstoffexporteuren gehören, wenngleich die destruktiven sozialen und ökologischen Konsequenzen vor allem die Menschen im globalen Süden treffen.

6. Globalisierungskritik

Dominanz des Finanzkapitals

Das Ende des Realsozialismus und damit die Marginalisierung des Marxismus-Leninismus führten dazu, dass die Stamokap-Theorie in der Linken an Bedeutung einbüßte. Die diffuse Vorstellung, wenige Banken und multinationale Großkonzerne würden die Welt beherrschen, ist jedoch verbreiteter denn je. Weiterhin wird behauptet, das Finanzkapital habe sich verselbständig, sei überproportional gewachsen und beherrsche die »Realwirtschaft«. So schrieb Joachim Bischoff (2008), das Finanzsystem habe sich »seit längerem von dem realen Verwertungsprozess des Kapitals entkoppelt«. Die Eigentümer würden ein leistungsloses Einkommen in Form von Zinsen beziehen. Der Schweizer Soziologe Jean Ziegler (2001) erklärte, Finanz- und Spekulationskapital seien autonom geworden. Das spekulative Kapital dominiere, es sei eine »virtuelle Ökonomie« entstanden, »die mit wertschöpfenden, tatsächlichen Wirtschaftsabläufen nicht mehr zu tun hat«. Das Ergebnis laut Ziegler: »Wir leben in einer Welt des Schreckens, gemacht und beherrscht von einer Horde wild wütender Spekulanten.«

David Graeber (2012) behauptete, seit einem halben Jahrhundert habe sich »ein anderes Universum« entwickelt, in dem der Staat jedem Unternehmen erlaube, im Finanzsektor mitzumischen, und Unternehmen wie General Motors würden »fast ihren ganzen Profit mit Zinsen sowie Vorzugszinsen« machen. Das stimmt so nicht. General Motors machte während der Wirtschaftskrise von 2007 bis 2009 Riesenverluste und überlebte nur dank staatlicher Finanzhilfen. Als Graeber sein Buch verfasste, lag der Konzern wieder in der Gewinnzone und fuhr 2011 einen Rekordprofit von knapp sieben Milliarden Dollar ein, durch den Verkauf von etwa neun Millionen Autos in China und den USA.

Um die These von der Herrschaft des Finanzsektors zu stützen, präsentieren deren Verfechter allerlei Zahlen, die die Realwirtschaft klein und unbedeutend aussehen lassen sollen.

In einer Broschüre der Gewerkschaft ver.di war davon die Rede, das von Banken, Pensionskassen, Versicherungen verwaltete Vermögen habe sich in 25 Jahren von drei auf 25 Billionen Dollar vermehrt. Zusammen mit dem Vermögen von Privatleuten ergebe sich die Summe von 80 Billionen. Die Autoren zogen daraus den Schluss, die Finanzmärkte seien so stark gewachsen, dass sie die »normale« Wirtschaft, in der »wir« arbeiten, weit zurückgelassen hätten.

Oft werden Äpfel mit Birnen verglichen, ohne Unterschiede zu benennen. Vermögen werden über Jahre und Jahrzehnte angehäuft, das Bruttosozialprodukt und die Einkommen beziehen sich jeweils auf ein Jahr. Oder es werden Umsatzzahlen des Aktienhandels angeführt; der allerdings beherrscht nicht die Realwirtschaft, sondern es besteht eine wechselseitige Abhängigkeit: Die Daten und Prognosen der Realwirtschaft bestimmen die Aktienkurse und diese wiederum wirken auf das Agieren der Firmen zurück.

Zwar sind der Finanzsektor und die Vermögen gewachsen, aber darin drücken sich drei Entwicklungen aus: der Anstieg von Fonds zur Altersvorsorge, die als Alternative und Ergänzung zu staatlichen Renten entstanden sind, die Umverteilung von Reichtum von unten nach oben und der Umstand, dass Kapitalbesitzer*innen Investitionen in der »Realwirtschaft« nicht rentabel genug erscheinen. Letzteres ist kein neues Phänomen und die Entkopplung von der Realwirtschaft nur scheinbar. Beides wurde von Marx als Folgen einer Überakkumulation analysiert: Erscheint es als unrentabel, die Produktion zu erweitern, wird mehr Kapital im Finanzsektor angelegt. Die Folge ist eine »Finanzblase« und Scheinakkumulation, deren Platzen solches fiktive Kapital wieder entwertet.

Was sich in den vergangenen Jahrzehnten geändert hat, ist, dass Bankkredite für Unternehmen an Bedeutung verloren haben, Fremdkapital immer öfter durch Anleiheemissionen direkt am Kapitalmarkt aufgenommen wird und dass viele Staaten den Finanzmarkt dereguliert haben, darunter Deutschland in den 1990er-Jahren. Das erlaubte es hiesigen Banken, ins Investmentbanking einzusteigen und am Kapitalmarkt zu operieren. Dadurch ist der Bestand an Aktien und Anleihen gestiegen. Darüber hinaus sind mehr Unternehmen an der Börse notiert – einschließlich früherer Staatsbetriebe (Telekom) – aufgrund von Privatisierungen, und weil neue Finanzinstrumente geschaffen wurden, wie etwa die berüchtigten Subprime-Hypothekendarlehen in den USA, die die Wirtschaftskrise von 2008 auslösten. Auch diese waren jedoch an die Realwirtschaft gebunden, an den Immobiliensektor, die Bauwirtschaft sowie das Einkommen der Kreditnehmer*innen und deren Arbeitsplätze.

Entmachtung von Nationalstaat und Demokratie

Eine weitere These lautet, die Nationalstaaten seien zugunsten supranationaler Institutionen und anonymer Finanzmärkte entmachtet worden. Sehr pointiert hatte Ignacio Ramonet diese Sicht im Dezember 1997 formuliert, im Gründungsaufruf der globalisierungskritischen Bewegung. Unter dem Titel »Die Märkte entwaffnen« forderte der Herausgeber der internationalen Monatszeitung Le Monde Diplomatique eine neue Bürgerbewegung, um die Macht des Finanzkapitals zu beschränken. »Die Globalisierung des Finanzkapitals ist dabei, die Menschen rundum zu verunsichern«, schrieb Ramonet.

> »Sie umgeht und erniedrigt die Nationen und Staaten. Dabei sind sie der rechtmäßige Ort für die Ausübung der Demokratie und die Garanten des Gemeinwohls. Zudem haben die Finanzmärkte längst einen eigenen Staat geschaffen, einen supranationalen Staat, der über eigene Apparate, eigene Beziehungsgeflechte und eigene Handlungsmöglichkeiten verfügt. Es handelt sich um das institutionelle Viereck aus dem IWF, der Weltbank, der OECD und der WTO. Dieser Weltstaat ist ein Machtzentrum ohne Gesellschaft. An deren Stelle treten die Finanzmärkte und die Riesenkonzerne, die der Weltstaat repräsentiert.«[3]

---

3 Ignacio Ramonet: Die Märkte entwaffnen (1997). In: Attac Deutschland (Hrsg.): Alles über Attac, Frankfurt/Main 2004, S.89f.

Subcomandante Marcos (1997), die Ikone der Zapatisten, behauptete, wir befänden uns bereits in einem »vierten Weltkrieg«.

Dabei stünden sich auf globaler Ebene die großen Finanzzentren gegenüber: »Dieser Vierte Weltkrieg ist ein wahrhaft planetarer Krieg, der schlimmste und grausamste Krieg.« Zu den ersten Kriegsopfern in diesem »total totalen Krieg« gehöre der nationale Markt. Die Nationen würden pulverisiert, die Nationalstaaten zu Marionetten degradiert. Der »American Way of Life« zerstöre deren historische und kulturelle Grundlagen. »Der Sohn (Neoliberalismus) frißt den Vater (nationaler Kapitalismus)«, schrieb Marcos. Er definierte Neoliberalismus als »politisch-ökonomisches Zentrum«, das eine globale »Megapolitik« betreibe. Die Zapatisten kämpften deshalb für die »Verteidigung des Nationalstaates angesichts der Globalisierung«.[4]

In der Erklärung des ersten Weltsozialforums 2001 heißt es: »Die Finanzmärkte ... unterwerfen die nationalen Ökonomien den Winkelzügen der Spekulation.« Man wende sich »gegen die Vorherrschaft der Finanzmächte, gegen die Zerstörung unserer Kulturen, die Monopolisierung des Wissens, der Massenmedien und der Kultur, die Beschädigung der Natur, und die Zerstörung der Lebensqualität durch multinationale Konzerne und antidemokratische Politik«.

Naomi Klein (2002) glaubt, eine Gruppe von riesigen Konzernen bilde »unsere De-facto-Weltregierung«. Diese Konzerne würden traditionelle Werte untergraben, den Einzelhandel ruinieren, das Warenangebot beschränken und am Service knausern. Jean Ziegler (2002) schrieb, die Globalisierung der Märkte produziere neoliberale Ideologie, diese »verwüstet... die westlichen Gesellschaften. Sie ist der geschworene Feind des Staates«. Michael Hudson (2015) vergleicht den Finanzsektor mit dem Feudaladel Europas, mit den Normannen, die 1066 England eroberten, und behauptet, dieser »Sektor« würde heute nur noch Renten extrahieren und habe sich die Demokratie

4 Subcomandante Marcos: Der vierte Weltkrieg hat schon begonnen. In: *Le Monde diplomatique*, August 1997.

unterworfen. Von der täglichen Ausbeutung, Unterwerfung und Demütigung von Menschen in Büros und Fabriken ist bei ihm keine Rede.

In vielen Beiträgen finden sich drei miteinander verknüpfte Annahmen: Zunächst wird die liberale Erzählung übernommen, die real existierenden Nationalstaaten seien Demokratien. Im besten Fall handelt es sich aber um parlamentarische Systeme mit begrenzten Mitspracherechten, der grundlegende Widerspruch zwischen Kapital und Lohnarbeit steht nie zur Debatte. Zweitens wird angenommen, Nationalstaaten hätten vor dem ominösen Zeitalter der Globalisierung das Gemeinwohl gesichert. Was kann Gemeinwohl in einer nach Klassen gespaltenen Gesellschaft bedeuten? Dass viele einen akzeptablen Anteil am gesellschaftlichen Reichtum abbekommen, was in der Phase der hohen Wachstumsraten und der Wohlfahrtsstaaten im Westen für Teile der Arbeiter*innenklasse zugetroffen haben mag? Aber auch damals basierten diese Nationalstaaten auf der Produktion und Akkumulation von Mehrwert, also auf der Ausbeutung von Lohnabhängigen sowie der Ausplünderung der Natur.

Drittens wird unterstellt, die vermeintlich neue Globalisierung habe die Nationalstaaten durch supranationale Institutionen bzw. ein Konglomerat von Finanzkapital und/oder Weltkonzernen entmachtet. Die Reaktionen auf die Weltwirtschaftskrise von 2008 sowie die Corona-Pandemie 2020 sprechen nicht dafür: Es waren die Nationalstaaten, die mit Rettungsschirmen und Konjunkturprogrammen ›ihre‹ Industrie und ›ihre‹ Banken zu schützen suchten. Internationale Organisationen wie die Welthandelsorganisation (WTO), die Weltbank oder der Internationale Währungsfonds (IWF) wurden auch nicht von anonymen Finanzmärkten, sondern von Nationalstaaten geschaffen. IWF und Weltbank sind keine Geschöpfe des Neoliberalismus, diese Institutionen gehen auf die Konferenz von Bretton Woods 1944 zurück, als Vertreter der alliierten Staaten ein internationales System von festen Wechselkursen aushandelten, um eine Wirtschaftskrise wie 1929 zu verhindern. Ähnlich wie die Weltwirtschaftsgipfel der G-7- oder G-20-Staaten handelt es sich um

Formate, in denen Konflikte ausgetragen und Vereinbarungen gefunden werden sollen, und nicht um eine Weltregierung, zumal ihnen ein wesentliches Instrument fehlt: Ein Staat ohne Gewaltapparat, über den er souverän verfügt, ohne Militär, Polizei, Geheimdienste, ist keiner.

Die Welt ist aufgeteilt in stärkere und schwächere Staaten, Zentren und Peripherien, Hegemonialmächte (früher Großbritannien, heute USA), Großmächte, Mittelmächte und Kleinstaaten. Dieses Machtgefälle zeigt sich in internationalen Institutionen und Verträgen, etwa den Freihandelsabkommen zwischen der EU und afrikanischen Ländern, die für weite Teile der Industrie und Landwirtschaft dieser Länder ruinös sind. Jedes Kapital ist in einem Staat verankert. Zwar operieren Konzerne in vielen Ländern, sind also ›multinational‹, was ihre Interessen, Beteiligungen und Gewinne angeht, haben aber ein nationales Hauptquartier. Ihre Investitionen, Rohstoffquellen und Transportrouten müssen im Konfliktfall durch politische und gegebenenfalls militärische Interventionen ihrer jeweiligen Nationalstaaten gesichert werden.

Die Behauptung, nationale Märkte würden verschwinden, ist falsch. Was sich immer wieder ändert ist die Durchlässigkeit zwischen nationalen Märkten. Die Grenzen von Staaten der Peripherie sind gegenüber denen der Metropolen durchlässiger als umgekehrt. Jeder Staat versucht, einen optimalen Mix zwischen Freihandel und Protektionismus für sein Kapital herauszufinden und durchzusetzen. Das führt zu einer unendlichen Auseinandersetzung um Import und Export, um Wechselkurse, Zölle, Quoten oder Subventionen von Stahl, Rinderhälften, genetisch manipuliertem Soja, Autos oder Flugzeuge. Es existieren eine Vielzahl von multilateralen und bilateralen Abkommen und jede Menge Schranken, die vor allem stärkere Staaten gegenüber schwächeren errichten, es kommt immer wieder zu Handelskonflikten, vor allem zwischen den großen Staaten und Blöcken wie USA, EU und China. Das Mercosur-Abkommen zwischen der EU und südamerikanischen Staaten eröffnet deutschen und europäischen Unternehmen bessere Exportchancen, etwa für Autos und Pestizide, während der Import von Rohstoffen und Agrarprodukten wie Soja, Zuckerrohr oder Rindfleisch wachsen soll, was die Umweltzerstörung, etwa die Abholzung des Amazonas, vorantreiben wird. In Deutschland hat sich der Grünen-Chef Robert Habeck als Wirtschaftsminister für das Abkommen besonders ins Zeug gelegt.

Deshalb sind Nationalstaaten keine Opfer der Globalisierung. Kapitalismus funktioniert nicht ohne Staat. Opfer sind diejenigen, die in einer Welt des Überflusses an Hunger und heilbaren Krankheiten krepieren.

Kriminelle Machenschaften

Während der Staat des Kapitals als Demokratie schöngeredet wird, behaupten Globalisierungskritiker*innen, die Welt sei einer kriminellen Herrschaft von wenigen Reichen und Wirtschaftsbossen unterworfen. Attac Frankreich erklärte 2002, man kämpfe »für die Auflösung der Steuerparadiese und Off-Shore-Bankzentren, diesen zynischen und schändlichen Hinterhöfen der internationalen Finanzmärkte und Schlupfwinkel für Schwerverbrecher und Kriminelle in Nadelstreifen«. Auf der Homepage von Occupy Deutschland war zu lesen, »die Korruption unter Politikern, Geschäftsleuten und Bankern macht uns hilf- auch sprachlos.« Als Ursachen der Wirtschaftskrise von 2008 wurden »Gier nach Macht«, das »veraltete und unnatürliche Wirtschaftsmodell« sowie eine »Anhäufung von Geld« ausgemacht, die nicht »auf die Wirtschaftlichkeit oder den Wohlstand der Gesellschaft« achte.

Ähnliche Positionen finden sich bei den Vordenkern. Der britische Philosoph und Anarchist Simon Critchley behauptete, die Macht habe sich in supranationale Räume verflüchtigt, in die Sphären der Finanzwelt und des Handels, der Informationsplattformen, des Drogen- und Menschenhandels sowie der illegalen Einwanderung. David Graeber schrieb, das politische System der USA basiere auf legalisierter Bestechung, ein bis zwei Prozent der Bevölkerung rissen einen großen Teil des Wohlstandes an sich und kontrollierten die Regierung. Es herrsche skrupellose

Bereicherung, und Bestechung sei zum »ontologischen Prinzip« geworden, sogar Polizisten und Journalisten würden von Unternehmen geschmiert.

Selbstverständlich gibt es Kapitalist*innen mit krimineller Energie, wie die Dieselabgasaffäre oder die Cum-Ex-Geschäfte zeigen. Wer allerdings sämtliche Probleme aus dem Fehlverhalten einzelner Unternehmer*innen oder Manager*innen ableitet, übersieht oder verdeckt die Struktur, die zugrunde liegt, der Konkurrenzkampf am Markt.

Zurück ins goldene Zeitalter des Kapitalismus

Bischoff beklagte, im Share-Holder-Value-Kapitalismus werde der Erfolg eines Unternehmens nur noch an dem Wert gemessen, der für den Eigentümer geschaffen wird, als sei es früher anders gewesen. Der Gewinn habe Vorrang vor dem Schutz der Umwelt, der Sicherung von Arbeitsplätzen, den Belangen der Gesamtgesellschaft, insofern sei die Globalisierung sozialpolitisch verantwortungslos. Klein behauptete, die Industrie habe bis in die 1980er-Jahre seriös Güter produziert, seitdem gehe es nur noch um Marken, cooles Image und Werbung. Sie jammerte, im Discounter fehle die »menschliche Dimension« und rügte, dass »eine wachsende Zahl der bekanntesten und profitabelsten Weltkonzerne ihrer Verantwortung als Arbeitgeber entflieht«. Arbeitsplätze würden »exportiert« und »mit dem Verlust der heimischen Arbeitsplätze ist etwas ganz anderes gleich mit verloren gegangen: die altmodische Idee, dass ein Hersteller für seine Arbeitskräfte verantwortlich ist«. Ihr Fazit lautet:

> »Die Schaffung von Arbeitsplätzen als unternehmerische Aufgabe, und insbesondere die Schaffung von anständig bezahlten, dauerhaften Vollzeitarbeitsplätzen, ist für viele wichtige Konzerne unabhängig von ihren Gewinnen zu einer Nebensache geworden.«

Richtig ist, dass sich die Verhältnisse für viele Lohnabhängige und Angehörige der Mittelschicht durch Angriffe von Staat und Kapital auf soziale Standards, etwa die Hartz-Gesetze, durch niedrige Löhne oder Deindustrialisierung ganzer Regionen dramatisch verschlechtert haben. Das sollte aber niemanden verleiten, Kapitalismus als Wohltätigkeitsveranstaltung misszuverstehen, wie Naomi Klein nahelegt.

Der Sozialromantik folgt die Forderung auf dem Fuß, den Sozialstaat doch bitte wiederherzustellen. So verlangte das erste Weltsozialforum (2001) »eine Welthandelsorganisation, die Vollbeschäftigung, sichere Ernährung, faire Austauschrelationen und lokalen Wohlstand garantiert«. Auf dem zweiten Weltsozialforum in Porto Alegre 2002 wurde die »Schaffung einer erträglichen alternativen Gesellschaft« gefordert. In einem Wirtschaftspapier forderte Attac Deutschland (2004) einen friedlichen, gleichberechtigten Handel. In der Debatte um TTIP formierte sich ein Bündnis für ein »Alternatives Handelsmandat«, das einen gerechten, sozialen, ökologisch nachhaltigen Handel verlangte, bei dem Gewinne fair verteilt werden sollen.

Doch was ist gerecht, was ist fair? Jeder Tarifkonflikt zeigt, dass Kapital und Lohnabhängige darüber sehr verschiedene Vorstellungen haben. Verbreitet ist die Vorstellung, man könne zur Idylle der Nachkriegsära zurück. Ökonomen wie Joseph Stieglitz, Paul Krugman und Thomas Piketty meinen, der Staat müsse von den Reichen mehr Steuern eintreiben und durch Investitionen die Wirtschaft ankurbeln, schon würde alles besser. Picketty fungierte als Wahlkampfberater für Podemos und die französischen Sozialisten. Sein Buch *Das Kapital im 21. Jahrhundert* (2013) wurde als Update von Marx bezeichnet. Dabei ist der französische Ökonom nicht einmal gegen soziale Ungleichheit, fürchtet aber wie einst Keynes um den Fortbestand des Kapitalismus, wenn die Unterschiede zu krass hervortreten. Das Hauptproblem ist für ihn, dass im Westen keine Wachstumsraten von fünf bis sechs Prozent mehr erreicht werden, wie in der Nachkriegszeit, denn dann gäbe es mehr zu verteilen. Dass Wirtschaftswachstum die Umweltzerstörung verschärft, fällt unter den Tisch, ebenso die Frage, warum der Traum vom sozial gezähmten Kapitalismus in den 1970er-Jahren scheiterte, als die Profite schrumpften, das Wirtschaftswachstum ausblieb und stattdessen Erwerbslosigkeit und Inflation stiegen. Stattdessen wird Schwarzmalerei betrieben, aufgeklärte Keynesianer gegen tumbe Neoliberale. Tatsächlich kombinieren Regierungen heute Methoden beider Schulen. So diktierte die Bundesregierung Sparprogramme für Südeuropa und beglückte die heimische Wirtschaft mit Konjunkturprogrammen wie der Abwrackprämie.

Geld und Zins

In seinem Aufruf schlug Ramonet die berühmte Tobinsteuer vor: Der Handel mit Devisen sollte mit 0,1 Prozent besteuert werden, das würde Einnahmen von jährlich 166 Milliarden Dollar bringen. Die Tobin-Steuer wird wie Ökosteuern als Wundermittel angepriesen. Einerseits sollen mit den Einnahmen die Übel dieser Welt kuriert werden, andererseits müssten diese sinken, wenn die Steuer wirkt und der Devisenhandel schrumpft. Obendrein sind Spekulationen mit Devisen nur eine Sparte von Finanztransaktionen. Attac Deutschland forderte die Schließung von Steueroasen und das Verbot hochspekulativer Fonds (wie immer die Abgrenzung zu niedrigspekulativen Fonds aussehen mag). Die Währungs- und Finanzbeziehungen sollen weltweit neu geordnet werden, gemeinsame Währungen wie der Euro geschaffen werden, um schwankende Wechselkurse zu vermeiden, andere werben für Regionalwährungen wie den Chiemgauer.

Ein Staat kann seine Währung nutzen, um das nationale Kapital vor Konkurrenten zu schützen. Wertet der Staat seine Währung ab, werden Importe teurer, die Waren der heimischen Produzenten billiger. Das war der Vorteil von Staaten mit geringerer Produktivität ihres Kapitals innerhalb der EU gegenüber Deutschland. Der Nachteil ist, dass auch Importe wie Erdöl teurer wurden. Mithilfe des Euro drückt das deutsche Kapital dank hoher Produktivität und Niedriglöhnen die Konkurrenz an die Wand, wie sich an Südeuropa und Frankreich zeigt. Das ist der Grund für Verarmung und Massenarbeitslosigkeit sowie Spannungen und Spaltungsprozesse in der EU.

Einen eigenwilligen Ansatz vertritt der Anthropologe und Anarchist Graeber. Er behauptet, in der Menschheitsgeschichte stünden sich »humane« und »kommerzielle« Ökonomien gegenüber. Eine humane Ökonomie zeichne sich durch direkte Tausch- und Kreditbeziehungen auf Vertrauensbasis in lokalen Gemeinschaften aus, die allenfalls »soziale Währungen« wie Kaurimuscheln nutzen. Kommerzielle Ökonomien würden hingegen städtischen Zivilisationen entsprechen. Metallgeld regiere diese Welt und das Miteinander sei durch anonyme und verrechtlichte Beziehungen geprägt. Durch Geld und in Geld ausgedrückte Schulden würden die Menschen korrumpiert, die auf Vertrauen und Gegenseitigkeit gegründeten Beziehungen aufgelöst. Schulden würden dank Geld messbar, die Schuldner versänken in Scham und Elend. Moral verwandele sich in eine »unpersönliche Arithmetik«, was dazu führe, dass die Menschen sich schlimme Dinge antun, wie die Sklaverei. Graeber blendet aus, dass auch Verpflichtungen, die nicht in Geld ausgedrückt sind, auf Gewalt beruhen können und umgekehrt eine in Geld ausgedrückte Verpflichtung angenehmer sein kann, gerade weil sie quantifiziert, also auch begrenzt ist. Keineswegs will Graeber Geld abschaffen. Er kritisiert bloß vom Staat ausgegebenes Geld, vorzugsweise in Gold und Silber gemünzt, aber auch Papiergeld.

Marktwirtschaft statt Kapitalismus

Auch Graeber hält Kapitalismus und Marktwirtschaft für grundverschiedene Veranstaltungen. Kapitalismus bedeute Monopol, Betrug, Wucher, Zinsnahme und leistungsloses Einkommen. Der Zins ist für ihn das Merkmal des Kapitalismus. Sein Ideal ist eine staatsfreie, nicht-kapitalistische Marktwirtschaft mit zinslosem Geld und sein Vorbild der mittelalterliche Islam, der das Verbot von »Zinswucher« angeblich »gewissenhaft durchgesetzt« habe. Dadurch hätte sich ein Markt etabliert, befreit von den »Geißeln der Verschuldung und der Sklaverei«. Dieser Markt, rühmt Graeber, sei »der höchste Ausdruck der menschlichen Freiheit und der Solidarität in der Gemeinschaft«. Dabei gab es in islamischen Ländern, etwa in arabischen Ländern und in der Türkei, sehr wohl Sklaverei. Das Zinsverbot wurde wie im christlichen Abendland durch Tricks umgangen, indem man überhöhte Preise oder Gebühren kassierte. Löse man die Märkte von ihren »gewalttätigen Wurzeln« würden sie sich in etwas ganz anderes verwandeln, »nämlich in Netzwerke von Vertrauensbeziehungen, die auf Ehrgefühl und gegenseitiger Bindung beruhen«, schreibt Graeber. Seine einzige konkrete Forderung ist ein allgemeiner Schuldenerlass.

Diese Haltung spiegelte sich an der Basis wider. Die symbolträchtigsten Camps von Occupy wurden im Frankfurter Bankenviertel oder an der Wallstreet errichtet. Die Banken-Gruppe von Occupy Wallstreet schlug eine alternative Bank vor, die nur zum Wohle ihrer Kunden oder gar keinen Profit machen sollte, gleiche Löhne an alle Mitarbeiter zahlt, den Armen offensteht, riskante Deals meidet, alle ihre Geschäftsdaten veröffentlicht und zinsfreie Kredite vergibt und überhaupt nur dem Ziel dient, das knappe Gut Geld allen zugänglich zu machen. Das Scheitern von Tauschbanken, wie sie Owen und Proudhon vorschlugen, von Gewerkschafts- und alternativen Banken oder des Mikrokredit-Systems, das in Indien Frauen in den Ruin und zum Selbstmord treibt, scheint alternative Geldpfuscher nicht zu stören.

Auch Sahra Wagenknecht behauptet, Kapitalismus und Marktwirtschaft wären verschiedene Wirtschaftsformen. Durch Monopole werde die Marktwirtschaft zum Kapitalismus, der seinerseits den Markt zerstöre. Sie behauptet, neoliberale Politik habe keine neuen Märkte geschaffen, sondern öffentliche durch private Monopole ersetzt. Besonders anfällig seien Branchen, in denen die Technik ein Monopol vorgebe, also Eisenbahn, Stromversorgung oder digitale Datennetze. Bereits in dem Buch *Freiheit statt Kapitalismus* (2011) hatte sie einen »kreativen Sozialismus« als »positiven Gegenentwurf« angekündigt, der sich dadurch auszeichne, dass Leistung, Wettbewerb und die »echten Unternehmer« gefördert werden sollten. In *Reichtum ohne Gier* (2016) fordert Wagenknecht:

»Wir müssen nur den Wirtschaftsfeudalismus des 21. Jahrhunderts überwinden. Märkte darf man nicht abschaffen, im Gegenteil, man muss sie vor dem Kapitalismus retten. Wir brauchen, was die Neoliberalen so gerne auf ihre Fahnen schreiben, aber in Wirklichkeit zerstören: Freiheit, Eigeninitiative, Wettbewerb, leistungsgerechte Bezahlung, Schutz des selbsterarbeiteten Eigentums.«

In Wirklichkeit konkurrieren allerlei private Unternehmen um Märkte, die durch Deregulierung und Privatisierung von öffentlichen Betrieben entstanden sind. Inzwischen verlegen Unternehmen Glasfaserleitungen, fahren Pakete aus, lassen Züge rollen und bieten Strom an, auch wenn Gleise und Leitungen der Bahn AG oder einem Stromkonzern wie E.ON gehören. Das Kapital profitiert von privaten Renten- und Krankenversicherungen, von Pflegeheimen und Krankenhäusern. Lediglich gegen die Privatisierung von Wasserwerken und Wohnungsgenossenschaften regte sich vereinzelt erfolgreich Protest.

Kapitalismus ist Marktwirtschaft unter modernen industriellen Bedingungen. Die Zentralisation und Konzentration von Kapital, große Konzerne und Banken, Oligopole und Monopole sind unvermeidlich. Warum das so ist, hat Marx erklärt: Der Konkurrenzkampf wird über den Preis der Waren geführt, damit ist die Produktivität der entscheidende Faktor, die wiederum von der Stufenleiter der Produktion abhängt. »Die größeren Kapitale schlagen daher die kleineren«, stellte Marx fest. Kleinere Kapitale mögen in Nischen ausweichen, aber die Konkurrenz holt sie ein. »Sie endet stets mit Untergang vieler kleinerer Kapitalisten, deren Kapitale teils in die Hände des Siegers übergehen, teils untergehen.«

Wagenknecht weist die Marx'sche Theorie jedoch zurück. Profit resultiert ihrer Meinung nach nicht aus der Ausbeutung menschlicher Arbeitskraft, sondern aus Monopolen. Die aktuellen Produktionsverhältnisse spielen für sie keine Rolle, die Arbeiter*innenklasse, das wachsende Heer von Prekären, sind nicht ihre Adressaten, sondern der Mittelstand, fleißige Unternehmer und Unternehmerinnen. Sie beschwört die soziale Marktwirtschaft und stützt sich auf Ludwig Erhard und den

Mythos vom ›Wirtschaftswunder‹. Die krisenfreie, vom Weltmarkt weitgehend abgeschottete Marktwirtschaft aus mittelständischen Unternehmen und regionalen Banken, die Wagenknecht anstrebt, ist ein Wolkenkuckucksheim. Ihre aktuelle Vision einer national-sozialen Marktwirtschaft steht wie ihre frühere Schwärmerei für Walter Ulbrichts DDR als Weg zum »Wohlstand für alle« in der Tradition jenes geschlossenen Handelsstaates, den Fichte anno 1800 der preußischen Obrigkeit empfahl.

7. Schluss: Offen nach rechts

Die Erkenntnis von Karl Liebknecht, wonach der Hauptfeind im eigenen Land steht, scheint vergessen. Angeprangert wird von Globalisierungskritiker*innen häufig ein vaterlandsloses Kapital. So forderte Sven Giegold, einer der Gründer von Attac Deutschland, heute Spitzenpolitiker der Grünen: »Die kleine Gruppe der Wohlhabenden schafft ihr Kapital in großem Stil in die Steueroasen, statt es für die wirtschaftliche Entwicklung ihrer Länder einzusetzen.« Seine Forderung lautet: »Abschaffung aller deutschen Steuerpraktiken, die ausländisches Kapital bevorzugen.« Warum fordert er nicht, alle Steuerpraktiken abzuschaffen, die das Kapital bevorzugen, egal woher es stammt?

Beim Wirtschaftsforum in Davos tanzten Demonstranten im Januar 2003 um ein Goldenes Kalb aus Pappmaché, angetan mit Masken von Donald Rumsfeld, dem US-Außenminister, Ariel Sharon, dem damaligen israelischen Ministerpräsidenten – mit gelbem Judenstern vor der Brust. So plump wird der Zusammenhang von Antiamerikanismus, Antisemitismus und Pseudo-Kapitalismuskritik selten ins Bild gesetzt. Werner Rügemer vom wissenschaftlichen Beirat von Attac ließ sich über eine transnationale Kapitalistenklasse (abgekürzt TCC für transnational capitalist class) aus. Diese stelle »eine wettbewerbsfeindliche globale Kapitalmacht« dar, operiere im Verborgenen und sei für Kriege und Umstürze verantwortlich. »Die früheste und mindestens ein Jahrhundert agierende TCC waren wohl die jüdischen Bankiers-Clans«, schrieb Rügemer. Er zählt Goldman Sachs, Lehman Brothers und Rothschild auf und schreibt diese Rolle heute den Stiftungen des »Spekulanten« Georg Soros zu.[5] Wagenknecht verwies in einer Passage über das schädliche Wirken der Investmentbanken unter dem Titel »Master of

5 Werner Rügemer: Die Transnationale kapitalistische Klasse – wer ist sie, was macht sie, mit wem und warum? In: ISW-Report Nr. 103/2015, S. 35ff.

the Universe« auf einen Begründer der »Rothschild-Banken-Dynastien«.[6]

Schlimmer, weil einflussreicher, war die Heuschreckendebatte, die der damalige SPD-Vorsitzenden Franz Müntefering 2005 eröffnete. Die Heuschrecken-Metapher verwendete der Nazi-Regisseur Veit Harlan (1899-1964) in seinem Film Jud Süß (1940), in dem es heißt: »Wie die Heuschrecken fallen sie über uns her.« Ob Müntefering ein Ablenkungsmanöver startete, nachdem die Bundesregierung aus SPD und Grünen mit der Agenda 2010 und den Hartz-Reformen den Sozialabbau vorantrieben und einen Niedriglohnsektor zementierten, sei dahingestellt.

Die Metapher wurde von den Gewerkschaften aufgegriffen. Die Mitgliederzeitschrift der IG Metall publizierte einen Beitrag über saugende Stechmücken. Auf der Titelseite prangte unter der Überschrift »US-Firmen in Deutschland: Die Aussauger« eine Mücke, angetan mit einem Zylinder in den Farben der US-Flagge. Die Dienstleistungsgewerkschaft ver.di legte mit einer Broschüre unter dem Titel *Finanzkapitalismus – Geldgier in Reinkultur* (2007) nach. Darin heißt es, die Finanzmärkte hätten sich verselbstständigt und ihre Funktion, Unternehmen für ihre Ideen und Investitionen das nötige Geld zu besorgen, verloren. Private-Equity-Fonds werden als »Firmenjäger« angeprangert, denen es um »Profitmaximierung mit allen Mitteln« ginge.

Die Autoren der ver.di-Broschüre forderten höhere Löhne und Gehälter, weil das mehr Kaufkraft und Nachfrage bedeute. Dann würden sich Investitionen in Produktionsanlagen und Arbeitsplätze wieder lohnen. Das Ergebnis wäre: »Das Geld fließt wieder verstärkt in die inländische Produktion statt auf internationale Finanzmärkte.« Solche Vorstellungen sind mindestens Anknüpfungspunkte für antisemitische Vorstellungen. Zutiefst nationalistisch ist die Gegenüberstellung einer positiven inländischen Produktion versus negativer internationaler Finanzsphäre.

6 Sahra Wagenknecht: Reichtum ohne Gier. Wie wir uns vor dem Kapitalismus retten können. Frankfurt am Main 2016, S.191.

Dieser Antiamerikanismus ist zugleich Nationalismus und Eurochauvinismus. Ausgehend von der Deutung, ein angloamerikanischer Raubtierkapitalismus fresse den gemütlichen rheinischen Kapitalismus, wird ein soziales Europa in Stellung gebracht, das ökonomisch und militärisch fit gemacht werden soll, um »unsere Werte« zu verteidigen.

Während die Kreise um Attac einen demokratischen und sozialen EU-Bundesstaat fordern, also ein bürgerliches Reformprojekt verfolgen, will der Linksnationalismus allenfalls einen lockeren europäischen Verbund; gleiches gilt für die Rechte. Wenn Wagenknecht die EU als nicht reformierbar verwirft, ist das keine Absage an linke Illusionen. Denn ihre Alternative ist nicht die sozialistische Weltrepublik, sondern der Nationalstaat, der mit starker Hand eine möglichst abgeschottete Wirtschaft lenken soll. Sie meint, wahre Demokratie sei nur mit einem ethnisch homogenen Volk möglich. Bei Wagenknecht klingt das so:

> »Je größer, inhomogener und unübersichtlicher eine politische Einheit ist, desto weniger funktioniert das. Kommen dann noch Unterschiede in Sprachen und Kultur hinzu, ist es ein aussichtsloses Unterfangen. Demokratie und Sozialstaat wurden aus gutem Grund im Rahmen einzelner Nationalstaaten erkämpft, und sie verschwinden mit dem Machtverlust ihrer Parlamente und Regierungen.«[7]

Bürgerliche Demokratien wie Belgien, die Schweiz und die USA dürfte es demnach nicht geben. Mit der Existenz größerer Gruppen von Migrant*innen wäre Demokratie unvereinbar.

Die politische Bühne wird derzeit beherrscht von der Auseinandersetzung zwischen rassistischem Nationalismus und liberalem Standortnationalismus. Die einen agitieren gegen Überfremdung, Globalisierung und das internationale Finanzkapital und meinen eine jüdische Weltherrschaft, die anderen nehmen Demokratie, Offenheit und Modernität in Anspruch. Manches ist Theaterdonner, beide Seiten teilen wesentliche Ziele: maximale Profite für heimische Unternehmen und mehr Macht

7 Wagenknecht, 2016, S.23

für das eigene Land in der internationalen Staatenkonkurrenz. Gestritten wird vor allem über Methoden.

Liberale wissen, dass nationale Binnenmärkte längst zu klein sind, vor allem für stark exportorientierte Kapitale wie das deutsche. Sie favorisieren Freihandel, Freizügigkeit für das Kapital, begrenzte Zuwanderung von Arbeitskräften, die EU und den Euro. Nationalist*innen fürchten um die Souveränität des Nationalstaats. Sie setzen auf Abschottung und knüpfen am Wohlstandchauvinismus der gesellschaftlichen Mitte an. Alle sind sich darin einig, dass faule Südländer ihre Steuergelder verprassen.

Die Grünen haben sich zu Bannerträgern dieses liberalen Standortnationalismus gemausert, wie vorher Gerhard Schröders Neue-Mitte-SPD, New Labour in Großbritannien oder die Ex-Kommunisten der demokratischen Partei in Italien, die US-Demokraten oder Emanuel Macron in Frankreich. Die Linke ist desolat und marginal, nicht auf der Höhe der Zeit. Allzu viele haben ihren politischen und moralischen Kompass verloren, ein antiimperiales Weltbild dominiert in der traditionellen wie postmodernen Linken. Manche driften nach rechts, wie Wagenknecht und ihr Anhang, sie sehen finstere Mächte am Werk, werfen sich im Namen einer multipolaren Weltordnung Diktatoren an den Hals und sind offen für Verschwörungsideologien, Nationalismus und Antisemitismus.

Eine emanzipatorische und radikale Linke auf der Höhe der Zeit existiert hingegen derzeit nur in Form von Ansätzen, kleinen Gruppen und Netzwerken. Ein Neuanfang ist unabdingbar, er wird Zeit kosten und es gibt kein Timeout in der Geschichte. Aufzuarbeiten ist das historische Scheitern aller linken Ansätze im 20. Jahrhundert. Entscheidend wird sein, ein klares Verständnis des Kapitalismus als Betriebssystem und totalitärer Destruktivkraft zu gewinnen.

8. Literaturtipps

Peter Bierl: Schwundgeld, Freiwirtschaft und Rassenwahn. Kapitalismuskritik von rechts: Der Fall Silvio Gesell. Hamburg 2012

Peter Bierl: Die Revolution ist großartig, alles andere ist Quark. Was Rosa Luxemburg uns heute noch zu sagen hat, Münster 2020

Murray Bookchin: Die nächste Revolution. Libertärer Kommunalismus und die Zukunft der Linken. Münster 2015

Valeria Bruschi / Moritz Zeiler (Hg.), Das Klima des Kapitals. Gesellschaftliche Naturverhältnisse und Ökonomiekritik, Berlin 2022

DGB Bayern (Hg.): noAfD. Keine Alternative für Beschäftigte. AfD-Positionen unter der Lupe, München 2023

Michael Heinrich: Karl Marx und die Geburt der modernen Welt. Biographie und Werkentwicklung. Band I: 1818-1841, Stuttgart 2018

Michael Heinrich: Kritik der politischen Ökonomie. Eine Einführung. Stuttgart 2004

Wolfgang Krumbein/Julian Fricke/Fritz Hellmer/Hauke Oelschlägel: Finanzmarktkapitalismus? Zur Kritik einer gängigen Kriseninterpretation und Zeitdiagnose. Marburg 2014

Karl Marx: Das Kapital, Band 1 bis3, MEW Band 23 bis 25

Werner Plumpe: Wirtschaftskrisen. Geschichte und Gegenwart. Zweite Auflage, München 2011

Simon Schaupp, Stoffwechselpolitik. Arbeit, Natur und die Zukunft des Planeten, Frankfurt am Main 2024

Lucien van der Walt/Michael Schmidt: Schwarze Flamme. Revolutionäre Klassenpolitik im Anarchismus und Syndikalismus. Hamburg 2013

Moritz Zeiler: Materialistische Staatskritik. Eine Einführung. Stuttgart 2017

Francis Seeck, Brigitte Theißl

Solidarisch gegen Klassismus

organisieren, intervenieren, umverteilen

280 Seiten | 18 €
ISBN 978-3-89771-296-6

Analyse & Anleitungen für anti-klassistische Praxis

Klassismus richtet sich gegen Menschen aus der Armuts- oder Arbeiter*innenklasse, zum Beispiel gegen einkommensarme, erwerbslose oder wohnungslose Menschen oder gegen Arbeiter*innenkinder. Klassismus hat Auswirkungen auf die Lebenserwartung und begrenzt den Zugang zu Wohnraum, Bildungsabschlüssen, Macht, Teilhabe, Anerkennung und Geld. Die Beiträge machen die Verwobenheit von Klasse mit Rassismus und Sexismus deutlich.

»Ein Buch wie dieses habe ich noch nie gelesen.«

Ingrid Strobl

Francis Seeck

Klassismus überwinden

Wege in eine sozial gerechte Gesellschaft

128 Seiten | 12.80 €
ISBN 978-389771-380-2

Konkrete Schritte hin zu einer sozial gerechten Gesellschaft!

Die Armutsquote in Deutschland ist auf einem neuen Höchststand und angesichts steigender Lebensmittelpreise, überfüllter Tafeln und des eklatanten Mangels an Wohnraum zeigt sich die Klassengesellschaft, in der wir leben, wie unter einem Brennglas.

Eine sozial gerechte Gesellschaft lässt sich allerdings nur dann verwirklichen, wenn intersektionale Brücken geschlagen und Bündnisse geschmiedet werden.

»Wer Klassismus verstehen will, muss Francis Seeck lesen.«

Daniela Dröscher

UNRAST Verlag | kontakt@unrast-verlag.de

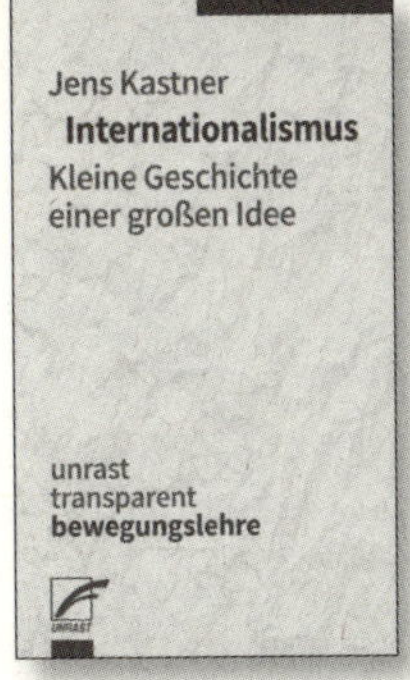

Jens Kastner

Internationalismus

Kleine Geschichte einer großen Idee

unrast transparent
bewegungslehre 7
112 Seiten | 9.80 €
ISBN 978-3-89771-156-3

Überblick über den Internationalismus als Kernbestandteil emanzipatorischer Theorie und Praxis

Der Internationalismus ist ein Kernbestandteil emanzipatorischer Theorie und Praxis. Zugleich war er stets umstritten und durchlebte verschiedene Konjunkturen, die durch sehr unterschiedliche Mobilisierungs- und Organisationsformen gekennzeichnet waren. Fragen des Kolonialismus und antikolonialer Strategien wurden dabei von Beginn an verhandelt. Das Buch bietet einen straffen Überblick über die Geschichte des Internationalismus von der Ersten Internationale bis heute.

Hanna Poddig

Die Anastasia-Bewegung

Völkisch, esoterisch, antisemitisch

unrast transparent
rechter rand 22
112 Seiten | 9,80 €
ISBN 978-3-89771-155-6

Rechte Esoterik und die Gefahr, die davon ausgeht

Die Anastasia-Bewegung im deutschsprachigen Raum ist vor allem bekannt aufgrund völkischer Landsitzprojekte wie Weda Elysia (Wienrode/Harz) oder Goldenes Grabow (Brandenburg). Doch es gibt zahlreiche weitere Anastasia-Wohnprojekte und darüber hinaus auch verschiedenste eng vernetzte Akteur*innen, die Teil der rechtsesoterischen Bewegung sind.
Wie gefährlich sind diese Netzwerke und Strukturen? Und wie kann antifaschistischer Widerstand dagegen aussehen?

Friends of *UNRAST*

Engagiertes Publizieren braucht gute Freund:innen!

www.unrast-verlag.de/friends

Du findest, dass kritische Theorie und Praxis in unserer Gesellschaft eine langfristige Perspektive brauchen und als Gegenöffentlichkeit gesichert werden müssen?

★ Bring dich ein und teile uns mit, welche Themen dir gerade dringlich erscheinen und in welche Diskurse wir gezielt mit neuen Büchern eingreifen sollten. Schreib an lektorat@unrast-verlag.de oder beteilige dich an unserer Chatgruppe.

★ Plane gemeinsam mit uns und unseren Autor*innen Veranstaltungen zu Themen, die in deiner Stadt / Region von Bedeutung sind.

★ Bewirb deine Veranstaltung über unsere Kanäle.

★ Werde Teil unseres Netzwerks **Friends of *UNRAST*** und unterstütze unsere wichtige Arbeit auch finanziell.

Mit einer Mitgliedschaft sicherst du das Fortbestehen unserer Arbeit und hilfst mit, dass der ***UNRAST*** Verlag weiterhin eine Plattform für linke Perspektiven und gesellschaftskritische Stimmen bieten kann.

Du entscheidest dich, den ***UNRAST*** Verlag monatlich mit einem kleinen Beitrag zu unterstützen, und richtest einen entsprechenden Dauerauftrag ein oder erteilst uns auf www.unrast-verlag.de/friends eine Einzugsermächtigung, die du selbstverständlich jederzeit kündigen oder ändern kannst.
Du erhältst eine Einladung zur ***UNRAST***-Chatgruppe, in die du dich sofort konstruktiv einbringen kannst.

Komme zu den **Friends of *UNRAST*** und erteile uns eine Einzugsermächtigung auf www.unrast-verlag.de/friends

oder richte einen Dauerauftrag mit dem Stichwort „friends“ ein:

***UNRAST* Verlag**
Triodos Bank
IBAN: DE47 5003 1000 1012 2020 04

Werde Teil des *UNRAST* Netzwerkes